이 책이
가상화폐 초보 투자자들의
올바른 투자 습관에 도움이 되기를 바랍니다.

초보자도 알기 쉬운

가상화폐 100문 100답

초보자도 알기 쉬운 가상화폐 100문 100답

초판 1쇄 인쇄 · 2018년 1월 19일
초판 1쇄 발행 · 2018년 1월 26일

지은이 · 박문식
펴낸이 · 김명호
펴낸곳 · 도서출판 머니플러스
편   집 · 이운영, 전형수
디자인 · 정은진
마케팅 · 김미용, 문제훈
관   리 · 배현정

주   소 · 경기도 고양시 일산동구 호수로 358-25 동문타워 2차 917호
전   화 · 02-352-3272
팩   스 · 031-908-3273
이메일 · pullm63@empal.com
등록번호 · 제311-2004-00002호

ISBN 979-11-87314-34-9 (03320)

「이 도서의 국립중앙도서관 출판예정도서목록(CIP)은 서지정보유통지원시스템
홈페이지(http://seoji.nl.go.kr)와 국가자료공동목록시스템(http://www.nl.go.
kr/kolisnet)에서 이용하실 수 있습니다.(CIP제어번호: CIP2017032858)」

초보자도 알기 쉬운

가상화폐
100문
100답

박문식 지음

 머니플러스

머리말

　세상은 아는 것만큼 보인다고 한 말이 있다. 이 말은 틀린 말이다. 아는 것만큼 속지 않는다, 즉 사기를 당하지 않는다고 표현하는 것이 좋을 것 같다. 여기서 안다고 하는 것은 지식이 있다는 뜻일 것이다. 지식은 어떤 사물이나 현상을 이미 만들어진 개념의 기준으로 해석하는 능력을 말한다고 할 수 있다.

　이미 가상화폐는 지식이 되었고 그 지식이 한계에 다다라 다른 차원으로 가상화폐가 진보하는 단계를 이미 지나고 있다. 그런데 우리 완전 초보자들은 아직도 초기의 가상화폐를 잘 이해하지도 못하고 있으며 더군다나 새로운 차원의 가상화폐를 더욱 이해하지 못하고 있다.

　이 책은 아주 기초적인 가상화폐의 지식을 설명하려 했고 또 다른 차원의 가상화폐까지 이해를 할 수 있도록 세심하게 표현하고자 했다. 또 다른 차원의 가상화폐란 현재 우리 눈에 잘 보이는 비트코인류의 가상화폐가 아닌 바람직한 기능과 형태를 갖춘 가상화폐를 말한다. 즉 코인의 구글이 무엇인가를 우리 독자들에게 은연중에 이해하고 그것을 찾을 수 있는 관점을 제공하고자 한다.

현재의 가상화폐 광풍은 조만간 그 한계를 노출하고 역사의 뒤안길로 사라질 것이다. 마치 야후나 넷스케이프가 그러했듯이 말이다.

우리 독자들은 가상화폐에 대해 초보라고 해도 겁먹을 필요가 전혀 없다. 이 책을 천천히 읽어 나가다 보면 어느새 가상화폐의 전문가적 인식능력을 보유하고 있는 자신을 볼 수 있을 것이라고 확신한다.

– 저자 박문식

차례

머리말 / 8

001 가상화폐란 어떤 화폐를 말하는 건가요? / 22

002 최초의 가상화폐는 무엇이며 누가 만들어 냈나요? / 27

003 블록체인 기술이란 무엇인가요? / 33

004 일반화폐와 가상화폐의 다른 점은 무엇인가요? / 38

005 가상화폐가 화폐의 기능을 대체할 수 있나요? / 45

006 가상화폐는 어떻게 쓰이나요? / 48

007 가상화폐는 합법인가요? 불법인가요? / 54

008 비트코인 광풍의 시대입니다. 비트코인에도
    코인이 있나요? / 57

009 가상화폐는 어디에서 구매하나요? / 59

010 현재 가상화폐의 종류는 몇 가지인가요? / 61

Chapter
01

011 가상화폐마다 개수가 정해져 있나요? / 65

012 가상화폐를 사려면 얼마만큼의 돈이 필요합니까? / 68

013 가상화폐에 투자하려면 어느 정도의 지식이 필요합니까? / 70

014 가상화폐에 투자하는 절차는 어떻게 진행되나요? / 73

015 실제로 투자를 한다면 위험하지 않을까요? / 77

016 어떻게 가상화폐로 돈을 벌 수 있나요? / 80

017 즉시 돈이 되는 코인이 있나요? / 83

018 사 놓으면 가격이 오르나요? / 85

019 ICO란 무엇인가요? / 88

020 ICO에 참가하면 무조건 돈을 벌 수 있나요? / 90

TIP 우리에게 다가올 미래 – 가상화폐의 세계 1 / 94

가 상 화 폐 의 세 계 를 찾 아 서

021 가상화폐의 필요성이 있나요? / 102

022 KYC 인증이란 어떤 것일까요? / 107

023 가상화폐는 대박인가요? 거품인가요? / 110

024 지금까지 나타난 가상화폐의 폐해와 단점은
    어떤 것일까요? / 113

025 현재 드러난 가상화폐의 단점들은 극복할 수 없나요? / 119

026 과거 여러 가상화폐들이 해킹당한 적이 있나요? / 122

027 가상화폐 지금 시작해도 늦지 않았나요? / 125

028 현재 가장 안정성 있는 코인은 무엇인가요? / 128

029 실제 가상화폐를 가지고 돈으로 환전이 가능한가요? / 130

030 비트코인의 가치가 오르락내리락하는 데
    문제는 없을까요? / 133

031 가상화폐 개발자들은 마음대로 화폐를 만들어
    자기 것으로 할 수 있나요? / 136

Chapter
02

032 특정 코인의 가격이 상승하면 다른 코인들도
　　같이 오르나요? / 140

033 가상화폐를 개발한 회사가 부도가 나면
　　어떻게 되나요? / 142

034 현재까지 세계적으로 가장 잘 알려진 가상화폐는? / 144

035 비트코인의 단점은 무엇인가요? / 146

036 국내에서 개발된 가상화폐도 있나요? / 149

037 앞으로도 계속 더 좋은 가상화폐가 나올
　　가능성은 있나요? / 152

038 가상화폐 채굴 투자자를 모집하는 글은 사기인가요? / 155

039 내재적 가치가 없는 코인은 화폐가 될 수 없나요? / 158

040 공짜로 받은 코인은 안전한가요? / 160

TIP 우리에게 다가올 미래 - 가상화폐의 세계 2 / 163

가상화폐는 정말 필요한가요?

041 반드시 가상화폐 거래소를 통해야 하나요? / 168

042 빗썸, 코인원, 코빗 중 어느 가상화폐 거래소가
　　가장 좋은가요? / 170

043 해외의 가상화폐 거래소에서 가입해 거래해도
　　괜찮은가요? / 172

044 처음 거래소에 상장한 가상화폐는 무조건 오르나요? / 174

045 국내 유명 대기업이 만든 코인이라는데 투자해도
　　좋을까요? / 176

046 가상화폐 채굴 소스가 반드시 공개되어야 하나요? / 178

047 중앙관리형 가상화폐는 문제가 있나요? / 180

048 미국 같은 강대국에 의해 가상화폐가 실패한다면? / 182

049 가상화폐 거래소에서 취급하는 코인만 인정되나요? / 184

050 거래소마다 지갑을 따로 만들어야 하는지, 또 가상화폐
　　거래소가 문 닫으면 내 코인은 어떻게 되나요? / 186

Chapter
03

051 거래소의 운영시간은 어떤가요? / 188

052 국내 거래소와 해외 거래소의 차이점은 무엇인가요? / 190

053 거래소마다 환율이 차등 적용되나요? / 192

054 가상화폐 거래소의 안정성은 어떻게 유지되는 건가요? / 194

055 가상화폐는 익명성이 보장되나요? / 196

056 가상화폐는 타인에게 송금도 가능한가요? / 198

057 가상화폐는 보안이 안전한가요? / 201

058 '작전세력'에 당하지 않는 방법은 무엇인가요? / 203

059 가상화폐 시장에도 이른바 '세력', '큰손'이 존재하나요? / 205

060 내 전자지갑은 어떻게 만드나요? / 207

TIP 우리에게 다가올 미래 - 가상화폐의 세계 3 / 210

가상화폐를 거래하려면 어떻게 하나요?

061 가상화폐는 누가 개발하나요? / 216

062 '채굴한다'는 말의 정확한 의미가 무엇인가요? / 218

063 채굴된 가상화폐는 누가 사용하나요? / 220

064 채굴기의 가격은 얼마이며 수명은 어느 정도인가요? / 222

065 채굴기를 대량으로 조립해서 채굴해도 괜찮을까요? / 225

066 채굴에 투자하면 확정이익을 준다고 하는데
    믿어도 될까요? / 227

067 가격이 가장 싼 가상화폐를 사는 것이 이익일까요? / 229

068 직접 채굴하는 것과 마이닝풀에 투자하는 것 중
    어느 것이 이익일까요? / 231

069 알트코인은 무엇인가요? / 233

070 각 코인마다 채굴 방식이 다른가요? / 235

Chapter
04

071 채굴 난이도에 따라 가상화폐의 시세가 다른 것인가요? / 238

072 채굴이 어려운 코인이 시세가 높은가요? / 240

073 집에서 데스크톱으로도 채굴이 가능한가요? / 242

074 비트코인이 모두 채굴되었을 때는 어떻게 되나요? / 244

075 믿을 만한 채굴업체의 기준은 무엇일까요? / 246

076 가상화폐의 최소거래단위가 소수점 8자리인
    이유는 무엇인가요? / 248

077 가상화폐는 유통기한이 있나요? / 250

078 가상화폐의 가격을 결정하는 것은 무엇인가요? / 252

079 카드에 코인을 담아서 사용할 수도 있나요? / 255

080 가상화폐의 해외 송금 수수료는 어느 정도인가요? / 258

TIP 우리에게 다가올 미래 – 가상화폐의 세계 4 / 260

가상화폐는 어떻게 획득하면 되나요?

081 가상화폐가 전혀 쓸모없어질 수도 있나요? / 264

082 가상화폐가 화폐로서의 지위를 확보하려면 어떤 점이
    개선되어야 할까요? / 266

083 여러 개의 가상화폐가 법정화폐로 인정될 수도
    있나요? / 268

084 코인 사기의 유형은 어떤 것이 있을까요? / 270

085 가상화폐를 부정적으로 생각하는 의견은
    왜 생길까요? / 275

086 최근 한국에서 '이더리움'이 굉장한 인기였는데
    무엇 때문일까요? / 278

087 가상화폐에 대해 가장 적극적인 국가는 어디이며
    그 허용범위가 어느 정도인가요? / 280

088 비트코인의 이체 시간은 왜 오래 걸리나요? / 283

089 가상화폐 비트코인은 1억 원까지 도달할까요? / 285

090 가상화폐는 은행권에서 현금화할 수 있나요? / 288

091 다른 나라의 반응은 어떤가요? / 290

Chapter
05

092 우리 정부도 가상화폐를 규제한다면 그 가치가
　　떨어지나요? / 293

093 가상화폐 거래소는 투자자 보호를 위한 조치를 취하나요? / 296

094 가상화폐에 적용되는 세금은 어떤가요? / 299

095 가상화폐를 해킹당하였을 때 되찾을 방법은 없나요? / 302

096 국내의 은행권들은 가상화폐에 대한 대책을
　　마련 중인가요? / 305

097 가장 믿을 수 있는 가상화폐의 보관방법은 무엇인가요? / 308

098 가상화폐 투자에 있어서 공통적인 호재와 악재는
　　어떤 것이 있을까요? / 311

099 어떤 가상화폐는 유독 사기라는 의견이 많은데
　　왜 그럴까요? / 314

100 앞으로 대중화에 성공할 가상화폐의 조건은 무엇인가요? / 317

TIP 우리에게 다가올 미래 - 가상화폐의 세계 5 / 320

　　가상화폐 용어 정리 / 328

미래의 가상화폐는 어떻게 발전할까요?

CHAPTER 1
가상화폐의 세계를 찾아서

Question 001

가상화폐란 어떤 화폐를 말하는 건가요?

Answer

우리가 살고 있는 이 세상은 이미 가상의 세계에 많이 접

근하고 있다고 봐도 되지 않을까요? 1991년 시작된 중동

지방의 걸프전을 CNN 방송이 전할 때의 화면을 보면 마치 컴퓨터 게임을 하듯 전쟁을 수행하는 다국적 연합군의 모습이 눈에 확 들어옵니다.

사진출처 : Google 걸프 전쟁 이미지

그리고 지금 현재 택배를 드론이 대체하고 있고 무인자동차의 시대가 우리 코앞에 성큼 다가와 있음을 실감하고 있습니다.

우리 일상생활에서 매일 사용하는 돈도 이미 가상의 시대에 깊숙이 들어와 있음을 알 수 있지요. 단지 우리가 그

것이 가상의 세계라는 것을 느끼지 못하고 있을 뿐입니다.

IT강국 대한민국은 1999년 ADSL, 2002년 VDSL, 2005년 100Mbps 광랜, 2014년 1Gbps 기가 인터넷을 거쳐, 오늘의 가상세계를 현실과 연결시키고 있습니다.

우리가 매일 운전하는 자동차도 내비게이션이 안내하지 않으면 목적지까지 이동하는 데 많은 어려움을 안게 됩니다. 내비게이션이라는 것도 가만히 생각해 보면 가상의 세계를 현실 세계와 연결시킨 결과물입니다. 단지 인간이 가상의 세계를 눈으로 볼 수 있게 만든 것이 눈에 보이고 손으로 만져지는 내비게이션 기기일 뿐입니다.

특히 하루라도 우리 몸에서 떼려야 뗄 수 없는 스마트폰이 가상의 세계를 현실과 일치시킨 대표적인 기기입니다. 스마트폰 이전에는 가상의 세계와 현실세계는 컴퓨터라고 하는 상당히 큰 기기가 있는 장소에서만 연결되는 공간적 제약이 있었습니다.

그런데 2007년 스마트폰이라는 혁명적인 기기가 탄생한 이후에는 가상의 세계와 현실의 세계를 특히 구분 짓기 어려운 시대로 우리는 이미 진입해 있습니다.

이제 가상이라는 말의 의미를 조금 이해할 수 있게 된 것 같지요. 가상이라는 말은 가짜라는 뜻이 아니고 인터넷 세상이라는 뜻입니다. 영어로는 virtual이라고 합니다.

이제 마지막으로 화폐라는 단어에 대한 이해만 하면 됩니다. 화폐는 기술적인 용어일 뿐입니다. 학문적인 정확한 정의는 '거래에 참여하는 사람들이 서로 합의한 숫자'라고 보면 됩니다.

화폐하면 우리는 자기도 모르게 세종대왕을 떠올리게 세뇌되었습니다. 세종대왕님이 새겨진 일만 원 권 돈은 화폐라는 개념적 용어를 현실 세계에 구체화시킨 수천만 가지의 화폐 중 단지 하나일 뿐입니다.

우리가 이렇게 잘 알고 있는 세종대왕은 손으로 만져지고 그 모양이 눈으로 확인되는 물질로 이루어진 화폐의 일종입니다. 화폐는 인류의 역사를 따라 끊임없이 발전되어 왔습니다. 인류 최초의 화폐는 상품 그 자체가 화폐였을 것입니다. 그것을 우리는 물품화폐라고 부릅니다.

나무위키 백과사전을 살펴보면, 화폐를 상품 화폐, 금속 화폐, 지폐, 신용화폐, 대체화폐, 암호화폐, 대안화폐 이렇게 구분하고 있는 것을 볼 수 있습니다.

자!!!

그럼 이제 가상화폐를 간단한 말로 정의를 내려 보겠습
니다. 가상화폐란 '인터넷을 통해서 가치를 교환하는 사람
들 사이에 합의된 숫자' 입니다.

기존 화폐는 물질을 바탕으로 만들어졌고 가상화폐는 전
자적 신호로 만들어진 것이 다를 뿐입니다. 화폐로서의 기
능은 동일합니다.

그 합의된 숫자가 지폐는 종이에 표시되어 있고 지폐의
발행주체는 한국은행이며, 가상화폐는 전자지갑이라는 곳
에 숫자로 표시되어 있고 그 발행주체는 한국은행일 수도
있고 개인일 수도 있습니다.

단지 지금 가상화폐는 개인이나 회사가 발행한 것이 대
부분일 뿐입니다.

uestion 002

최초의 가상화폐는 무엇이며
누가 만들어 냈나요?

Answer

아주 중요한 질문입니다.

우리가 지금까지 배운 지식의 패러다임으로 보면 최초와

누가라는 개념이 대단히 중요합니다. 그 이유는 역사에 기록되기 때문일 것 같습니다. 사실 그것이 그다지 그렇게 중요하지 않은데도 말입니다. 우리는 항상 이런 질문을 하며 살아가고 있습니다.

우리가 가상화폐라는 용어로 통칭하며 우리 사회가 인정한 최초의 화폐는 2009년 1월에 발행된 비트코인(Bitcoin)입니다. 2008년 8월 18일 사토시 나카모토라는 이름으로 bitcoin.org라는 도메인을 인터넷에 등록하였습니다.

그리고 10월 31일 "비트코인 P2P 전자화폐문서(Bitcoin P2p e-cash paper)"라는 제목으로 8페이지의 짤막한 논문이 실렸습니다.

이것이 바로 요즘 가상화폐의 광풍이라고 세간에 회자되는, 가상화폐 세상으로 진입하는 계기가 됩니다. 비트코인을 시작으로 대시코인, 라이트코인, 이더리움, 리플코인 그리고 원코인으로 발전되어 오고 있습니다.

그런데 사토시 나카모토(Satoshi Nakamoto, satoshin@gmx.com)라는 일본식 이름도 실제는 없는 가명이라는 것이 증명되었습니다. 2017년 12월 중순 원화 가치 1,500만 원을 넘어 가는 이 가상화폐의 개발자가 누군지도 모른 채 도박의 열풍에 휩싸여 있습니다. 참 아이러니라 아니할 수 없습니다.

그러나 인류역사 중 화폐의 역사에서 혁명적인 전기를 마련한 사토시 나카모토라는 이름은 실명이 아니라도 아무 상관없습니다. 기념비적인 가상화폐의 개념을 현실로 내려오게 만들어 준 실존 인물이 그 어딘가에 있기 때문입니다.

노벨상 경제학 후보로 거론되는 존 내시(프린스턴대 교수)가 사토시 나카모토라는 주장을 하는 사람들도 상당수 있습니다. 존 내시 교수가 계속해서 주장해 왔던 '이상적인 돈'이란 개념을 자주 주장하여 왔기 때문입니다. 존 내시 교수는 어느 한 연설에서 이렇게 말했습니다.

"기본적으로 이 이상적인 돈은 반드시 가치가 안정되어 있어야 한다. 즉, 인플레이션이 없어야 한다. 또한 정치적 요소와 같은 중앙통제가 없어야 하며(탈중앙화), 실체가 없는 디지털 화폐로 국경의 제약을 받지 않고 자유롭게 국제 화폐로 쓰일 수 있어야 한다."

" 'Good money' is money that is expected to maintain its value over time. 'Bad money' is expected to lose value over time, as under conditions of inflation."

" '좋은 돈'이란 시간이 흘러도 동일한 가치를 지니는 돈이며, '나쁜 돈'이란 시간이 지나면 인플레이션 등에 의하여 가치를 잃게 되는 돈입니다."

UCLA의 Chowdhry라는 교수가 2016년 사토시 나카모토를 노벨경제학상 후보로 추천하여 수장 후보에 지명되었습니다. 이 교수는 "비트코인이라는 전자통화의 발명은 가히 혁명적이라 할 수 있다."라고 하면서 다음과 같이 진지하게 의견을 피력했습니다.

"사토시 나카모토의 업적은 돈에 대한 사고방식 자체를 바꾸고, 중앙은행이 금융정책에서 수행하는 역할에 큰 영향을 줄 수 있으며, Western Union과 같은 고가의 금전이체 서비스를 무너뜨리고, 비자, 마스터카드, 페이팔과 같은 중간업체가 부과하는 2~4%의 수수료를 없애고, 시간과 비용을 잡아먹는 결제대금예치 및 공증을 없애고 아울러 법률계약의 지평을 뒤바꿀 수 있다."

2016년 5월 2일 세상을 떠들썩하게 하는 사건이 하나 발생했습니다. 자기가 바로 익명의 사토시 나카모토라고 주장하는 호주 기업인이 나타난 것이었습니다. 실제 인물이 누군가 하고 궁금해하던 세상 사람들의 이목을 집중시키기에 충분한 사건이었습니다. 하지만 아직도 그가 실제 사토시 나카모토라는 것의 정확한 증명이 되지 않아 이제는 서서히 잊혀져가고 있습니다.

바로 이것이 가상화폐의 대표적인 특징 중 하나입니다. 지금까지 패러다임으로는 주인이 누군인지는 대단히 중요

한 개념 중 하나였습니다. 주인이 없는 일은 세상에 존재하기 어렵고 사람들의 신뢰를 받을 수 없기 때문입니다.

비트코인은 그 개발 주인이 누군지도 모른 채 이미 사용자가 1,600만 명을 넘어서고 있었으며 가격도 600달러를 넘어서고 있었습니다. 그러니 사람들이 개발자가 실제로 누군지 별로 관심이 없기 때문에 금방 에피소드로 끝나고 말았습니다. 실제로 호주 기업인이 사토시 나카모토라고 해도 별반 변하는 것이 없기는 마찬가지입니다.

Question 003

블록체인 기술이란
무엇인가요?

Answer

한마디로 정의하면 가상화폐의 기반 기술이라고 할 수

있습니다.

우리가 인터넷이 무엇인가? 라는 질문과도 흡사한 질문입니다. 쉬운 짧은 글로 정의 내리기가 대단히 어렵습니다.

우리 보통사람들이 매일 사용하는 인터넷을 정의하라고 하면 웬만한 식자들도 뒤통수를 긁적일 것입니다. 처음 나왔을 때는 각자 다양한 말로 인터넷을 정의하느라 바빴을 것입니다.

대표적인 에피소드가 어느 미국의 유명한 경제학자가 "인터넷이 팩스인가 뭐야?" 이렇게 물었다고 하는 것입니다. 그런 인터넷이 지금 우리 사회 구석구석에 쓰이는 않는 곳이 없습니다. 아마 블록체인도 인터넷과 마찬가지로 시간이 지나면서 우리 생활 모든 곳에 쓰일 것이 분명하다고 필자는 예상합니다.

인터넷은 정보를 전달하는 비용이 0에 가까운 기술입니다. 인터넷과 컴퓨터 기술의 발달로 인해 세상 모든 정보들이 디지털로 바뀌었기 때문에 모든 정보를 인터넷으로 전송할 수 있게 되었습니다.

정보전송비용이 많이 들어가던 옛날과 비교해 보면 금방 알 수 있지요. 시골 고향에 계신 부모님한테 옛날에는 편지나 유선전화로 안부 인사를 전했습니다. 비용과 시간이 많이 들어가기 때문에 아주 간혹 안부를 전하고 했습니다. 필자도 강원도 평창에서 태어나 자랐기 때문에 서울 간 누나들의 안부를 이런 식으로 받았던 기억이 선명합니다. 만약 그 누나가 미국에 가 있었으면 어떠했을까요?

그런데 지금은 어떠한가요? 하루에도 수십 통의 카톡과 생생한 동영상으로 안부를 전하고 있습니다. 안부라고까지 할 것도 없이 수다를 떨고 있습니다. 손가락이 아파서 소식을 전하지 못하는 것이지 비용이 많이 들어 전하지 못하는 시대가 아닙니다. 바로 인터넷이 우리 생활 환경을 이렇게 바꾸어 놓은 것입니다.

그러면 블록체인은 무엇인가요?

바로 가치를 전달하는 즉 돈을 전달하는 비용이 0에 가까이 수렴하게 만든 가치 프로토콜이라고 할 수 있습니다. 인터넷을 정보 전송의 프로토콜이라고 하는 것과 비슷합니다. 한 발 더 나아가서 가치를 기록하는 기반 기술이 바로 블록체인입니다.

지금까지는 돈이 물질로 이루어진 지페이기 때문에 돈을

전달하는 빙법이 사람들이 운반하는 방법을 쓸 수밖에 없습니다. 그러니 시간과 비용이 많이 들어갑니다. 인터넷으로 돈을 전달할 수는 없습니다. 바로 이중지급이라는 문제가 있기 때문입니다.

돈을 전송하고 전송한 만큼의 돈을 보낸 사람이 또 있다고 데이터를 조작할 수 있기 때문입니다. 그래서 반드시 은행을 통해서 은행이 발행한 통장에 찍힌 숫자라야 돈을 전송할 수 있었습니다.

하지만 이제는 블록체인이라는 혁명적인 기술의 탄생으로 인해 비트코인 전자지갑에 찍힌 숫자를 보고 내가 상대방으로부터 돈을 받았다는 사실이 확인이 됩니다.

개인 간·두 상대방이 직접 돈을 주고받는 시대로 진입할 수 있게 만들어 준 기술이 바로 블록체인입니다. 그래서 P2P(peer to peer, person to person)의 개념이 완성되어 중간 제3자 신용기관인 은행이 필요 없는 세상으로 진입하게 됩니다.

원래 블록체인이라는 용어는 사토시 나카모토 논문에는 없습니다. 사토시 논문에는 비트코인의 위변조를 막기 위해 거래내역을 처음부터 마지막까지 검증하여 신뢰가 높은 거래이력을 진본으로 검증하여 10분마다 그 내역을 압축하여 블록화하고 10분마다 형성된 블록들 간 연속성 있게 연결하는 개념으로 신용을 만들어 가게 됩니다. 그래서 사람들 사이에 그 이미지를 형상화하는 용어로 블록체인이라고 간단하게 통칭하게 이르렀습니다.

블록체인의 용도는 가상화폐의 거래 기반기술로 시작되었지만 그 쓰임새는 무궁무진하여 향후 점점 더 많은 사용기술이 발달할 것이라고 생각됩니다.

요즘 4차 산업이라는 약간 애매한 용어가 유행입니다. 그 4차 산업의 핵심기술이 바로 블록체인이라고 하는 데 많은 사람들이 합의하고 있습니다.

우리 독자들도 향후 블록체인이 무엇인가라는 근본적인 질문을 가지고 다양한 참고서를 읽어가면서 그것의 감을 익히기 바랍니다. 우리는 엔지니어가 아니기 때문에 우리가 인터넷을 잘 사용하듯이 블록체인이라는 개념만 잘 이해하고 이를 바탕으로 한 과학기술의 이기를 잘 이용하기만 하면 되기 때문입니다.

Question 004

일반화폐와 가상화폐의
다른 점은 무엇인가요?

Answer

우선 모양부터 다릅니다. 우리가 흔히 화폐라고 말하는

것은 법정화폐, 즉 지폐를 말합니다. 국가별로 중앙은행이 인쇄하여 시중에 공급하는 일종의 채무증서가 일반화폐입니다.

채무증서이다 보니 이자가 발생하여 지폐의 발행량이 늘어 날 수밖에 없습니다. 이자를 중앙은행에 갚으려면 이자만큼 화폐량이 필요하기 때문에 인플레이션 속성을 화폐 시스템 내에 잠재하고 있습니다.

가상화폐는 모양이 없습니다. 그래서 손으로 만질 수 없고 눈으로 볼 수가 없습니다. 우리 초보자들은 이것이 가장 헷갈릴 것입니다.

먼저 육안으로 보이는 부분만을 가지고 일반화폐와 가상화폐의 차이를 살펴봅니다. 사실 육안으로 보이는 것은 깊은 본질적 의미를 표현하기 힘듭니다. 눈에 의해 우리는 많은 속임을 당하는 것인데도 아직도 눈에 보이는 것을 믿으려 합니다. 원래 큰 진리는 눈에 보이지 않는 법입니다. 우리 독자들은 이 말을 항상 가슴속에 깊이 간직하고 살아갔으면 합니다.

1. 국가 기관이 발행하지 않습니다. 가상화폐는 개인이

나 회사가 임의적으로 발행합니다. 하지만 발행인 자체도 그 가치를 보증하지 않습니다. 어느 누구 하나 책임지는 사람이 없습니다. 지폐의 안전성은 국가의 법으로 규정하고 있습니다. 엄격하게 법에 의해 위조범이 처벌받게 법으로 장치되어 있습니다. 하지만 가상화폐는 어떤 법에 의해서도 보호받지 못합니다.

2. 화폐의 종류가 엄청 많습니다. 현재도 1,000가지가 넘고 앞으로도 계속 개발된다고 하는 뉴스를 자주 봅니다. 물론 그 유용성을 논하기 이전의 말입니다. 종류만 열거하자면 그렇다는 얘기입니다. 화폐 같은 화폐가 아니라도 블록체인의 기반기술로 하여 개발된 가상화폐라는 이름으로 세상에 태어난 것을 말합니다. 당연히 그 중에는 화폐적 가치가 전혀 없는 코인들이 99.99%입니다. 이 점을 우리 독자들은 잘 알아야 합니다.

그래서 필자는 요즘에 이런 가상화폐를 그냥 '코인'이라고 불러야 된다고 생각합니다. 화폐의 기능을 수행하지 못하는 코인을 가상화폐라고 부르는 순간 우리는 잘못된 생각으로 빠져들기 쉽습니다.

3. 돈의 보관을 기존의 전통 은행에 의존하지 않습니다. 전자지갑이라는 곳에 가상화폐를 보관합니다. 전자지갑도 모양은 없습니다. 단지 컴퓨터상에 나타나는 이미지일 뿐입니다. 가상화폐 거래소의 전자지갑은 거래소 도메인에 로그인하면 자신의 자산이 숫자로 표시되어 있습니다. 필자의 코인원 거래소 자산의 현황은 아래처럼 확인할 수 있습니다.

아래 그림 우측 하단 부에 보면 필자의 자산현황이 나와 있습니다. KRW(원화) 440원과 ETC(이더리움 클래식) 0.8개가 전자지갑에 보관되어 있다는 것을 알 수 있습니다. 이 0.8개의 ETC를 팔려고 하니까 28,507원을 받을 수 있다

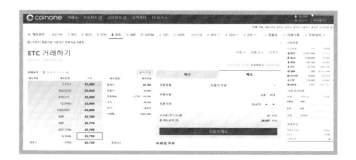

는 표시가 화면 중간에 보이고 있습니다. 누군가가 이 가격에 필자의 코인을 사면 원화 전자지갑에 숫자로 찍힐 것입니다.

4. 송금 시 시간과 비용이 들지 않습니다. 예를 들어 한국에 와서 일하는 아프리카 청년이 있다고 합시다. 돈을 벌어서 모국의 부양가족한테 돈을 부치려면 은행에 가서 달러를 사서 어떤 한 은행을 통해 보내게 됩니다. 아프리카의 경우 한국에서 보내보면 1,000만 원을 보낼 때 약 120만 원의 수수료가 들고, 받는 사람이 약 한 달 후에 돈을 받게 됩니다. 그런데 가상화폐 원코인을 사서 보내면 1분 만에 돈을 받고 수수료는 500원도 채 들지 않을 것입니다. 물론 원코인은 아직도 송금 시스템이 준비되어 보급되기 전이라 송금이 안 됩니다. 시간이 지나고 아프리카 청년이 원코인을 인지하면 원코인을 사서 송금하게 될 것이 분명합니다.

본질적 차이가 아닌데도 차이라고 주장하는 잘못된 기준점이 있습니다. 이것을 이해하는 것이 대단히 중요합니다.

첫째, 익명성이 보장됩니다. 이 차이는 현재 나와 인기(?) 있는 코인들이 그렇다는 얘기입니다. 가상화폐도 금융실명제를 채택할 수 있습니다. 단지 현재 비트코인이나 이더리움이 금융실명제를 채택할 기술적 준비가 안 되어 있는 것뿐입니다. 향후 금융당국은 익명성 코인들의 사용을 엄격히 규제할 것이 분명합니다. 각종 범죄에 사용될 개연성이 다분하기 때문입니다. 익명성 코인들은 그 설 자리를 잃을 것이며 현재 가치도 상당부분 사라질 것이 분명합니다.

둘째, 분산형입니다. 현재 코인들은 중앙관리자가 없이 분산형이라 돈의 민주화를 이루었다고 주장하기도 합니다. 이미 중앙관리형 코인들이 개발되어 나왔습니다. 바로 리플코인이 대표적이며 원코인도 중앙관리형입니다. 우루과이 정부도 중앙관리형으로 가상화폐를 발행했고 중국과 러시아도 검토하고 있다고 알려졌습니다. 일본은 이미 시중은행들이 중앙관리형의 가상화폐를 발행하여 시험 사용 중이라고 알려졌습니다. 앞으로 중앙관리형 가상화폐가 대세일 것입니다.

중앙관리형의 가상화폐는 두 가지로 발전할 것입니다. 하나는 각국 중앙정부가 발행하는 가상화폐와 그리고 가치 안정성이 있는 국제거래가 가능한 가상화폐 이렇게 두 가지 방향으로 나아갈 것이 예상됩니다.

셋째, 수량이 많으면 가격이 안 오릅니다. 이것처럼 오해하기 쉬운 착각은 없는 것 같습니다. 마치 맞는 말처럼 느껴집니다. 화폐는 전 세계에 걸쳐 수많은 사람들이 사용해야 함으로 수량이 많아야 합니다. 많을수록 좋습니다. 단지 희소성만 확보되면 됩니다. 수량이 개발 당시부터 정해져 있다는 것이 희소성을 보증하는 것입니다. 수량이 작으면 가치가 금방 올라가 좋을 것 같으나 현재 비트코인과 같이 가격이 폭등할 수 있고 큰 손들의 장난이 가능해지기 때문에 화폐의 수량은 많을수록 좋습니다.

uestion 005

가상화폐가 화폐의 기능을
대체할 수 있나요?

nswer

화폐의 기능은 크게 4가지가 있습니다.

네이버에 화폐의 기능이라고 검색을 하면 거래의 매개기

능, 가치의 저장기능과 가치척도 이렇게 세 가지가 열거되어 있습니다. 이것을 조금 쉽게 풀어 쓰면 물건을 살 때 사용되고, 송금할 때 사용되고, 저축할 때 사용되며 마지막으로 투자의 대상 그 자체로 화폐가 사용됩니다. 즉 화폐의 수요 형태는 딱 이렇게 4가지뿐입니다.

지금 현재 이 4가지의 기능을 모두 가장 잘 수행하는 화폐는 달러이며 그 다음이 유로화입니다. 그래서 미국은 달러를 프린트해 내기만 하면 돈을 벌 수 있습니다. 미연방준비은행이 달러를 찍어서 전 세계에 뿌리면 실물자산이 미국으로 넘어 가게 되고 달러라는 종이가 세계에 뿌려지게 되어 미국은 부자일 수밖에 없습니다.

그래서 현재 미국 대통령이 선거유세 때 미국의 대외 부채는 신경 쓰지 않아도 된다고 했습니다. 달러를 찍어서 빚을 갚으면 그만이기 때문입니다. 그럼 가상화폐는 달러와 비교해서 화폐의 기능 4가지를 얼마나 잘 수행할 수 있는가에 따라서 달러의 기능을 대체할 수 있을 것입니다.

이 질문에 답하기 위해 먼저 화폐가 갖추어야 할 필요충분조건이 있습니다. 그 필요충분조건을 갖추기만 하면 세상 어떤 물질이나 전자적 신호도 화폐가 될 수 있습니다. 그것은 화폐로 사용되어 왔던 것들을 세밀히 관찰하면 잘 알 수 있습니다.

필자가 생각해 보건대 가상화폐만큼 화폐의 필요충분조건을 잘 갖춘 것은 현재까지는 없습니다. 가상화폐의 유용성을 비트코인이나 이더리움이 증명하기에 충분하였습니다. 단지 지금에 와서야 비트코인이나 이더리움의 근본적인 문제로 인해 화폐기능을 수행하지 못한 상황에 다다른 것뿐입니다.

이런 근본적인 문제를 해결한 가상화폐가 나온다면 그것은 가장 완벽한 화폐로서 우리 사회에 자리를 잡을 것이 분명합니다.

Question 006

가상화폐는
어떻게 쓰이나요?

nswer

가상화폐를 주고받는 방법은 기존의 지폐나 신용카드,

페이 등과는 차이가 많이 납니다. 물질로 만들어진 지폐나 신용카드 등과 달리 전자적 신호로만 이루어져 있고 전자지갑이라는 것이 있어야 주고받을 수 있습니다.

거래 쌍방 모두 동일한 가상화폐의 전자지갑이 있어야 거래가 이루어질 수 있습니다. 가상화폐 간 전자지갑은 서로 호환되지 않습니다. 향후 기술 발전으로 통합 전자지갑이 생길 수도 있으나 가상화폐 간 숫자의 구분은 분명히 있어야 합니다. 왜냐하면 각각의 가치가 다르기 때문에 하나로 통합될 수가 없습니다. 현재도 달러, 유로화, 원화 모두 별도로 가질 수밖에 없듯이 말입니다.

가상화폐의 전송방법은 코인원의 거래소 지갑으로 간단히 설명해 봅니다. 코인원의 거래소에 회원으로 가입하면 자동으로 전자지갑이 만들어집니다. 코인원은 여러 개의 코인들을 거래하고 있습니다.

그래서 회원으로 가입하면 여러 개의 코인별 전자지갑이 생성됩니다. 필자의 ETC(이더리움 클래식) 전자지갑은 아래와 같이 생겼습니다. 전자지갑은 문자와 숫자의 문자 배열로 이루어진 지갑주소라는 것과 QR코드로 이루어져 있습니다.

← 계좌관리		ETC 입출금
⬥ ETC 거래 지갑		
잔액		
0.8 ETC · 28,512 KRW		
지갑 종류	ETC 거래 지갑	
입금 주소	0x71CA96D127fABCFBFB9fD1E5E54C0CF77D3F96CDEA	

지갑주소는 숫자 및 문자의 대소문자로 구분되며 단 하나의 문자가 달라도 다른 지갑주소입니다.

돈을 받고자 하는 사람은 이 지갑주소나 QR코드를 카톡이나 이메일로 송금하고자 하는 상대에게 보내주면 됩니다.

코인원에서 회원들에게 안내하는 코인 전송시 유의사항입니다.

ETC 전송 후, 다른 지갑에서 입금내역을 확인하기 위해서는 보통 30분 정도 시간이 소요됩니다.

[보내기] 버튼을 클릭하면 선택한 지갑에 있는 가상화폐를 요청하신 주소로 전송합니다. 전송 후 거래 ID(TXID)라는 고유한 거래번호가 블록체인에 생성되며, TXID는 이 화면 상단에 [내역] 탭에서 확인할 수 있습니다.

전송 이후 과정은 블록체인 네트워크에서 자동으로 처리되며,

이 과정에 코인원은 개입할 수 없습니다. 즉, 전송 및 TXID 생성 후 승인이 지연되는 등 이상 현상이 발생하더라도 코인원에서는 어떠한 추가 조치도 할 수 없습니다.

가상화폐의 특성상 한 번 전송되면 절대 되돌릴 수 없기 때문에 전송 주소를 다시 한 번 확인하시기 바랍니다.

출금은 코인원의 핫월렛(Hot Wallet)에서 이뤄지기 때문에 회원님의 거래지갑 입금주소와 실제 출금주소는 다릅니다. 출금 이후 출금된 지갑주소로 다시 환불을 받아야 할 경우나, 컨트랙트(계약)를 통해 입금주소로 토큰을 받는 방식의 전송은 코인원에서 지원하지 않습니다. 이러한 경우 개인지갑으로 먼저 전송한 다음 개인지갑에서 직접 전송하시기 바랍니다.

암호화폐 출금한도는 가상계좌 발급 은행 및 발급 현황, 거주 국가, 내외국인 구분에 따라 차등 적용됩니다. 자세한 내용은 이용안내를 참고해 주세요.

부정거래가 의심될 경우 출금이 제한될 수 있습니다.

ETC 출금 주소를 반드시 확인하고 전송하세요. ETC는 ETC 주소로만 전송할 수 있습니다. ETC와 ETH주소를 혼동하여 잘못 보낼 경우 코인원은 책임지지 않습니다.

ETC코인을 코인원 필자 전자지갑에서 다른 사람의 전자지갑으로 송금하고자 하면 위 화면에서 ETC 송금버튼을 누르고 아래 화면처럼 내역을 입력하고 송금하면 됩니다. 송금 수수료는 2%가 자동으로 계산되어 출금되는 것을 알

수 있습니다.

송금할 상대방의 주소를 보통 드래그하여 복사해서 붙여 넣으면 타이핑 시 오류가 발생할 소지를 없앨 수 있습니다. 휴대폰으로 전송 시에는 QR코드를 스캔하면 자동으로 전

자지갑 주소를 가져올 수 있어 편리합니다.

결국 가상화폐는 그 가상화폐를 소지하고 있는 사람들끼리 주고받는 돈입니다. 세상 모든 돈이 자기들끼리 사용하는 것입니다. 자기들끼리 많은 돈이 유명한 돈이 되며 기축통화가 되는 것입니다. 결국 유저 수가 많은 코인이 최고인 것입니다.

Question 007

가상화폐는
합법인가요? 불법인가요?

 nswer

가상화폐는 그 자체가 합법입니다.

가상화폐를 불법이라고 할 수 없습니다.

개인들 간에 이루어지는 지불수단이고 사적 자치의 영역에 해당되는 것이기 때문에 법으로 그 자체를 금지할 수 없습니다.

다만 그 사용이 폭력이나 테러, 마약거래나 자금세탁 등 불법적인 용도에 사용되지만 않는다면 그 자체를 금지시킬 수 없습니다. 그래서 태생적으로 가상화폐는 그 자체가 합법입니다.

다만 법적으로 화폐로 정의하느냐 아니면 상품으로 정의하는가에 따라 세금의 문제가 엇갈리게 되며 관련 규제법이 달라지게 되는 것뿐입니다. 만약 화폐로 법적 지위가 부여되면 가상화폐 자체의 거래는 부가세가 면제됩니다.

채굴이나 가상화폐를 구매하여 발생하는 수익에 부가세가 과세되지 않습니다. 금융상품이라면 부가세 및 소득세가 발생합니다. 물론 가상화폐를 이용하여 상거래가 발생하면 상거래 발생수익에 대해서는 기존의 부가세법과 소득세법에 의해 과세가 되는 것은 당연합니다.

화폐가 변해온 역사를 곰곰이 돌이켜 보면 민간화폐를 법으로 정의를 내리지 않고 있습니다. 다만 민간 게인 스스로 거래의 매개수단으로 이용하고 있을 뿐입니다. 금을 보면 잘 알 수 있습니다. 금 자체를 합법이다 불법이다 정하지 않고 단지 개인들 간에 화폐적 가치가 있는 것으로 거래가 일어날 뿐입니다.

가상화폐는 인터넷상에 있는 금과 같은 화폐적 속성을 가지고 있습니다. 다만 물질적으로 보이지 않을 뿐입니다. 그래서 가상화폐 자체는 합법적이라고 해야 합니다.

Question 008

비트코인 광풍의 시대입니다.
비트코인에도 코인이 있나요?

Answer

상당히 재미있는 질문입니다.

비트코인을 사토시 나카모토는 이렇게 정의했습니다.

"디지털 서명의 연속된 체인이다."

디지털 서명으로 이루어진 전자적 거래장부에 숫자로 표기되어진 것이 비트코인이라고 할 수 있습니다. 그래서 물질적으로 이루어진 금속 동전과 같은 실물은 존재할 수 없습니다.

매스컴이나 컴퓨터 속에서 눈에 보이는 비트코인 도안은 단지 비트코인의 이미지를 그림으로 표현한 기호일 뿐입니다. 누군가가 비트코인이라고 하는 금속으로 이루어진 동전을 준다면 그것은 사토시 나카모토가 만든 가상화폐가 아니고 다른 사람이 만든 금속 주화일 뿐입니다. 그러니 우리가 익숙하게 알고 있는 500원, 100원 같은 주화의 코인이 아니고 눈으로 볼 수도 없고 손으로 만져지지도 않는 전자적 신호의 이름이 비트코인입니다.

비트코인의 전자지갑에 표시된 숫자로 비트코인의 양을 볼 수 있을 뿐입니다.

Question 009

가상화폐는 어디에서
구매하나요?

Answer

가상화폐를 얻는 방법은 크게 두 가지가 있습니다.

하나는 채굴이라는 것이고 하나는 상거래에 의한 깃입니

다. 채굴이라는 것은 각 가상화폐마다 채굴 방법을 달리하고 있습니다. 컴퓨터를 이용하여 개발자에 의해 프로그래밍된 알고리즘을 해결하여 그 보상으로 코인을 전자지갑에 받는 것을 일반적으로 채굴이라고 합니다.

상거래에 의한 방법은 우리가 이미 알고 있듯이 물품, 금전 그리고 서비스 등 용역을 제공하고 그 대가로 가상화폐를 얻는 행위를 말합니다. 이런 상거래로 얻는 방법은 거래소라는 곳에서 현금을 주고 살 수가 있고, 인터넷이나 오프라인 상점에서 물건을 주고 코인을 얻을 수 있고, 또한 개인 간 직접 거래를 통해 얻을 수 있습니다.

지금은 주로 코인거래소를 통해 현금과 교환하는 행위로 코인을 구매하는 것이 대부분입니다. 거래소에서 구매하는 방법은 거래소 도메인에 회원으로 가입하면 자세하게 안내가 되어 있습니다.

하지만 이것도 처음 해 보는 사람한테는 조금은 생소합니다. 여러 번 반복하다 보면 금방 숙달되어지기 때문에 걱정할 필요가 없습니다.

Question 010

현재 가상화폐의 종류는
몇 가지인가요?

Answer

그 종류는 무수히 많습니다. 정확하지는 않지만 약

1,200여 가지에 이른다고 하는 것이 통설입니다. 코인마켓

갭(coinmarketcap.com)에 등록된 코인 숫자만 800여 가지에 이릅니다. 대부분 사람들이 여기 도메인에 등록된 코인을 중심으로 종류를 말합니다.

하지만 필자는 가상화폐의 종류를 달리 나누어야 된다고 생각합니다.

첫째는 비트코인류이고,

둘째는 리플코인류이며,

셋째는 원코인류 이렇게 세 가지로 분류하면 가상화폐를 이해하는 데 혜안을 얻을 수 있다고 생각합니다.

먼저 비트코인류는 익명성, 분산형의 특성을 가지고 있으며 수량이 소량인 코인 종류들입니다. 각기 이름을 달리하고 조금의 특성 차이가 있지만 화폐적 관점에서는 동일한 특성을 지닌 코인류들이라고 보면 됩니다.

각 코인들이 가격을 달리하는 것은 여러 가지 이유가 있을 수 있습니다. 그 특성의 차이로 인해 가격 차이가 나는 것이 아닙니다. 비트코인이 이더리움보다 좋아서 비싼 것이 아니고 이더리움이 대쉬코인보다 좋아서 가격이 더 비싼 것이 아닙니다.

단지 시장에서 거래되는 가격의 차이가 난 결과만을 우리가 볼 뿐 어떤 합리적 근거에 의해 매겨지는 것이 아니기 때문입니다. 아마도 비트코인이 비싼 것은 맨 처음 나온 코인으로서 많은 사람들이 알고 있기 때문이라는 것이 필자의 생각입니다.

두 번째 리플코인류는 중앙관리형으로서 코인 수량이 많고 은행 간 결제 청산 목적으로 개발된 목적이 분명한 코인입니다. 그래서 비트코인류와 성격을 조금 달리하고 있습니다.

화폐적 특성으로 보면 시장에서 수급에 의해 가격이 결정되는 것은 비트코인류와 같아서 가치의 안정성이 없습니다. 그래서 화폐로서의 기능을 이미 잃고 있는 것입니다.

마지막으로 원코인류의 가상화폐입니다. 중앙관리형으로서 가치의 안정성을 확보하는 근거가 있고 금융실명제를 실행하며 거래처리 속도가 기존 다른 코인들과 차원을 달리하는 블록체인을 가지고 있는 것이 바로 원코인류입니다. 물론 코인의 수량도 다른 코인들과 비교할 수 없게 압도적으로 많습니다.

그래서 코인의 종류는 현재는 세 가지라고 말하는 것이 정확할 것이며 그 이름이 1,200여 가지에 이른다고 말할 수 있습니다.

향후에는 원코인류의 가상화폐가 몇 개 더 나올 수 있으며 가상화폐의 새로운 기준점을 제시하는 역할을 할 것입니다.

Question 011

가상화폐마다 개수가
정해져 있나요?

 nswer

맞습니다. 가상화폐마다 그 수량은 정확하게 정해져 있습니다.

화폐로서의 필요충분조건 중 대표적인 것이 바로 희소성이거든요. 금처럼 수량이 확정되어 있지는 않지만 수요에 비해 공급량이 턱없이 부족하거나 가상화폐처럼 수량이 정해진 것을 희소성이 있다고 표현하는 것입니다.

그래서 비트코인은 2,100만 개, 라이트코인은 8,400만 개, 리플코인은 1,000억 개, 원코인은 1,200억 개 이렇게 코인의 숫자가 정확하게 정해져 있고 채굴수량을 일반인들이 모두 알 수 있게 오픈됩니다.

바로 블록체인이라는 기술 때문에 투명성이 확보되는 것입니다. 누군가가 가상화폐를 몰래 개발해서 물 타기를 하면 바로 모든 사람들이 알 수 있습니다. 따라서 희소성이 손상을 입게 되고 시장에서 신뢰를 받지 못하게 됩니다. 그 순간 화폐로서의 기능을 상실하게 되기 때문에 가상화폐는 숫자가 엄격하게 정해져 있습니다.

그런데 요즘 하드포크니 뭐니 하면서 이름이 거의 같은 코인들이 탄생하는 것을 볼 수 있습니다. 2016년 5월 이더리움이 해킹을 당한 후 실시한 하드포크로 인해 둘로 갈라지면서 이더리움 클래식이라는 코인이 이더리움과 동일한 숫자로 순간적으로 탄생했습니다.

그래서 이더리움을 가지고 있던 사람들에게 ETC라는 이름이 지급되었습니다. 비트코인도 2017년에 두 번이나 비트코인 운영진 간 싸움으로 비트코인캐쉬, 비트코인골드라는 이름으로 각각 2,100만 개의 코인이 새로 생겼습니다. 바로 코인의 물타기가 발생한 것입니다.

하지만 시장에서는 오히려 비트코인 가격이 더욱 더 오르고 비트코인캐쉬나 비트코인골드도 상당히 높은 가격에 거래가 되는 아이러니가 발생하고 있습니다. 향후 이런 하드포크가 계속해서 발생한다면 진영 간 이익을 위해 새로운 코인이 계속해서 탄생할 것입니다.

그러니 개수가 엄격히 정해져 있다고도 말할 수 없습니다. 향후 이런 것도 규제당국에 의해 어떻게 규제의 대상이 될지 알 수 없습니다.

Question 012

가상화폐를 사려면 얼마만큼의 돈이 필요합니까?

 nswer

2010년 피자 가게 주인은 피자 두 판을 배달해 주고 1만 비트코인을 받았습니다. 당시의 비트코인 가격이 거의 서지

않을 때였기 때문입니다. 그러나 지금은 비트코인 하나가 엄청난 가격으로 거래되고 있습니다. 가상화폐는 사용자들이 많아지면 희소성 때문에 가격이 올라갈 수밖에 없습니다.

수많은 가상화폐 중에 향후 많은 사람들이 선택하여 사용할 코인이 무엇인지 미리 알아보고 소액을 들여 다량의 코인을 확보하고 시간과의 전쟁을 치르고 있다 보면 큰돈이 되는 것입니다. 이것이 안목이고 실력일 것입니다.

우리 독자들은 이런 안목을 키우는 데 필요한 가상화폐 공부를 해야 할 것입니다. 현재 밤새워 거래소의 시세표를 쳐다보며 투기 매매에 열을 올리는 좀비족보다 정상적인 생활리듬을 유지하며 향후 큰돈을 벌 수 있는 방법이 바로 채굴초기 향후 유용성이 높은 코인을 선택하여 그 채굴에 참여하는 것이 가장 돈을 적게 들이고 가장 큰 수익을 얻는 지름길입니다.

필자의 저서 『나는 150만 원으로 10억 벌었다』를 정독하면 그 감이 잡힐 것입니다.

Question 013

가상화폐에 투자하려면
어느 정도의 지식이
필요합니까?

Answer

주식에 대한 지식이 많으면 많을수록 쪽박이라는 말이
있습니다.

가상화폐에 대한 지식도 주식과 별반 다르지 않습니다. 필자의 지인들 중에 가상화폐에 대한 상당한 지식이 있고 필자의 강의도 몇 번 들은 사람들이 '코알코인'이라는 실체도 없는 코인에 2억이라는 거액을 투자하였다가 홀딱 날리는 것을 보았습니다. 그것도 한두 사람이 아닌 상당히 많은 사람들이 그랬습니다. 지식은 어느 것도 완전하지 않을 수 있습니다.

필자는 지식을 믿고 누군가의 유명한 사람의 말을 믿고 따라 하는 것만큼 바보 같은 짓은 없다고 생각합니다. 지식은 상식입니다. 상식은 절대 돈이 되지 않습니다.

지식보다는 정보를 잡을 줄 알아야 합니다. 정보는 잡는 것이지 지식으로 습득하는 것이 아닙니다. 정보는 감각이고 통찰력입니다. 정보를 얻으려면 가지고 있는 지식을 내려놓아야 정보가 귀에 들리고 눈에 보입니다. 지식으로 완전 무장하고 있으면 절대 새로운 정보를 잡을 수 없습니다. 상식만 잡습니다. 그러면 망합니다.

가상화폐는 이미 상식이 되었습니다. 블록체인이라는 기반 기술에 대한 개념을 충분히 익히고 향후 계속 나오는 가상화폐들을 유심히 들어다보면 화폐로서 유용성이 높은 코인이 분명 나올 것입니다. 그 코인에 본인이 장기전에 돌입할 수 있는 감당할 수 있는 돈을 투자하는 것이 가상화폐에 대한 올바른 투자 자세라고 필자는 생각합니다.

주식투자는 기업의 경영성과를 예측할 수 있는 다양한 정보루트가 있고 경영성과의 예사에 의해 주식가격이 움직이는 것이 당연함으로 지식이나 정보를 바탕으로 투자를 진행합니다. 물론 그렇지 않은 주식도 많이 있습니다.

주식은 오랜 기간 시장의 예측 기법이 학문적으로 정립된 상태입니다. 하지만 가상화폐의 가치변동은 어떤 논리적 근거도 없습니다. 코인 관련 내적 요인보다 통제 불가능하고 예측 불가능한 외적 요인에 의해 훨씬 더 많은 영향을 받습니다. 가상화폐에 대한 지식이나 경험을 얻는 방법을 하나 제안하자면, 적당한 거래소에 회원으로 가입하고 돈 50만 원을 충전하여 여러 가지 코인을 소액을 들여 조금씩 사 놓고 거래를 조금씩 해 보는 것입니다. 그러다 보면 자연스럽게 몸에 각각이 느껴집니다. 가장 안전하고 가장 정확하게 가상화폐의 거래 스킬을 배우는 방법 같습니다.

Question 014

가상화폐에 투자하는
절차는 어떻게 진행되나요?

Answer

가상화폐에 투자하는 방법은 몇 가지가 있습니다. 앞의

질문 중 '어떻게 구매하나요'라는 질문과 같은 것으로 보

73

면 될 것 같습니다. 투자의 기술적 현실적인 절차적 방법을 익히는 것보다 어떤 코인에 언제 타이밍을 잡느냐가 더 중요할 수 있을 것 같습니다.

비트코인에 지금 투자를 한다면 어떨까요? 앞으로 비트코인이 1억 원까지 올라간다고 주장하는 사람도 있습니다. 현재 1,500~2,000만 원 사이를 오르내리는 가격에 거래가 되고 있습니다. 투자를 해야 하나 말아야 하나? 이런 기로에 놓일 때 최악의 상황을 선정하고 그 상황에서 판단을 하면 실수가 없을 것입니다.

비트코인이 1억 원까지 갈 수도 있지만 그 반대로 50만 원으로 떨어질 수도 있습니다. 50만 원으로 떨어지는 것이 최악의 상황인 이 경우, 당신은 어떻게 하겠습니까? 리스크가 너무 크다는 것을 알 수 있습니다.

7년 전 3만 원 들여 비트코인을 5,000개 사 놓은 노르웨이 청년 입장에서 보면 어떻게 할까요? 최악은 3만 원을 날리는 것입니다. 그래도 그 위험을 감당할 수 있는 능력이 되면 투자를 실행하는 것입니다. 우리는 바로 노르웨이 청년 같은 지혜와 통찰력이 필요한 것입니다.

필자가 원코인에 150만 원을 투자할 때 이더리움이 1,000원, 비트코인이 60만 원 정도했던 것 같습니다. 그 당시에도 비트코인이 1,000만 원 간다, 이더리움이 5만 원 간다, 이런 얘기들이 많았습니다.

그런데 필자는 원코인에 150만 원을 투자하고 다른 코인에는 투자를 하지 않았습니다. 물론 돈이 없어서도 그랬겠지만 돈이 있어도 투자를 못했을 것입니다. 당시만 하더라도 이 코인들은 가격이 널뛰기를 하고 있었습니다. 필자는 새가슴이라 이런 상황을 인내하며 일상생활을 살아갈 수가 없다는 것을 잘 압니다. 매일 거래소 시세 판을 보며 단기거래 위주의 투자활동을 할 자신도 없었습니다.

그래서 원코인이 네트워크마케팅으로 코인을 공급하고 있어서 당시 네이버 등에 무수히 많은 사람들이 원코인을 걱정하고 있었습니다.

제 주위 지인들 모두 원코인에 투자하지 말라고 말렸습니다. 하지만 필자는 원코인에 150만 원을 투자하였고 지금까지 가상화폐를 연구하고 강연을 하며 일상생활을 하며 살아갑니다.

원코인에 투자를 하려면 지금 인터넷 밴드 방에 많은 정보들이 올라와 있습니다. 자신의 거주지 근처에서 도움을 받을 수 있는 밴드를 선정하여 정보를 얻고 잘 아는 사람의 도움을 조금 받아야 합니다.

Question 015

실제로 투자를 한다면
위험하지 않을까요?

Answer

모든 투자는 리스크를 감당하는 대가로 수익이 발생하는

것입니다. 투자수익은 시간과 리스크의 싸움입니다. 리스크가 크면 클수록 수익이 큰 경우가 대부분이고 시간이 오래 걸리면 걸릴수록 수익이 커집니다. 지금까지 가격이 높아진 코인들을 보면 상당히 시간이 오래 걸렸다는 것을 알 수 있습니다.

비트코인은 약 4년 후에 가격이 오르기 시작했고 이더리움, 리플코인은 약 3년 지나면서 가격이 올라가기 시작한 것을 볼 수 있습니다. 그래서 투자는 반드시 시간이 걸려서 수익이 발생한다는 것을 알 수 있습니다. 단시간에 수익이 크게 돌아오는 투자는 지구상에 존재하지 않습니다. 그건 횡재이지 투자가 아닙니다. 단시간에 큰 수익을 기대한다면 정선 카지노로 가야 합니다.

시중에 코인을 빙자한 금융사기가 요즘 대단히 성행하고 있습니다. 하루 1%에 가까운 수익을 매일 비트코인이나 이더리움으로 준다고 하는 가상화폐 투자유치 행위를 하는 것을 볼 수 있습니다. 이것은 100% 사기행각입니다. 세상에 그런 가상화폐는 존재할 수 없습니다.

가상화폐의 가격은 사용자들이 많이 늘어나야 가격이 올라가게 되어 있습니다. 그러나 사용자는 단시간 내에 확 늘

수가 없습니다. 장시간에 걸쳐 유용성이 검증되며 사용자가 꾸준히 늘어나는 것입니다. 그래서 반드시 시간이 걸려야 합니다. 아무리 유명한 사람이 개발했다고 해도 아무리 유명한 기업이 개발했다고 해도 시간이 반드시 필요합니다.

이런 것을 명심하고 화폐로서 유용성이 있는 가상화폐에 소액을 투자해 놓으면 절대 위험할 일이 없습니다. 시간이 흐를수록 가치의 상승이 일어나기 때문에 오히려 즐거움이 배가될 수 있습니다.

Question 016

어떻게 가상화폐로
돈을 벌 수 있나요?

 nswer

비트코인에 투자한 사람들이 왜 돈을 벌었을까요? 언제

투자한 사람들이 돈을 벌었을까요? 비트코인에 투자해서

큰돈을 번 사람들이 지금도 비트코인에 투자를 하고 있을까요? 투자를 한다면 단타 위주의 거래를 하고 있을까요?

가상화폐란 화폐로서 유용성이 가장 좋습니다. 화폐 수량의 희소성 때문에 시간이 지나 사용자가 늘어나면서 거래가격이 올라가게 되어 있습니다. 금값과 같은 속성을 가지고 있습니다.

금값이 시간이 지나면서 가격이 올라가는 이유는 두 가지 때문입니다. 금광의 갱도가 점점 깊어지면서 금 채굴단가가 올라가기 때문에 금값이 상승하고, 인구가 늘어나면서 수요가 증가하기 때문에 금값이 계속 올라갑니다. 앞으로도 계속 금값은 조금씩 올라갈 것입니다.

가상화폐도 금과 같이 시간이 지나면서 채굴에 들어가는 투자비가 증가하도록 난이도라는 개념을 도입했습니다. 초기 채굴한 사람보다 나중에 채굴한 사람의 채굴비가 더 비싸게 먹힙니다. 그런데 화폐로서의 유용성이 있고 그것을 찾는 사람들이 늘어나면서 가격이 올라갑니다. 그래서 초기에 채굴에 참여하거나 초기에 상거래를 통해 비트코인을 획득한 사람들이 어마어마한 돈을 번 것입니다.

가상화폐의 유용성을 알아본 사람들이 그렇게 많지 않았습니다. 대부분의 사람들이 손으로 만져지지도 않고 금으로 보장하지도 않고 국가가 발행한 것도 아닌 전자적 신호가 어떻게 돈이 되겠냐고 모두가 의심하고 배척했습니다. 가상화폐의 유용성을 꿰뚫어 본 사람들은 누구나 큰 돈을 벌 수 있었습니다.

그런데 그렇게 큰돈을 번 사람들은 지금은 비트코인에 투자를 하지 않을 것입니다. 이미 비트코인을 팔아서 부동산이나 기타 현물자산으로 돌려놓았거나 비트코인 선물 금융상품을 개발하여 새로운 개념의 가상화폐 관련 산업에 투자할 것입니다.

거래소에서 단기 거래 위주의 투자는 투기고 도박이지 투자가 아니기 때문입니다. 보통사람들 대부분이 거래소에서 사고 파는 행위를 투자로 보는데, 그것은 투자의 개념을 잘못 이해하고 있는 것입니다. 투자는 반드시 시간이 걸리는 것입니다.

투기를 하고 싶은가 투자를 하고 싶은가 이것부터 결정해야 합니다.

Question 017

즉시 돈이 되는
코인이 있나요?

 nswer

한마디로 그런 코인은 세상에 존재할 수 없습니다. 코인
의 유용성이 실제 생활에서 검증되어야 가치를 가지는 것

입니다. 코인의 가치는 유용성과 그 코인의 사용자 수에 의해 가치가 결정됩니다. 유용성이 없는 코인은 사용자가 없을 것이고 사용자가 없으면 수요가 없어 코인이 가치를 가질 수 없습니다.

유용성의 검증은 실제 상거래 행위에서 검증될 수밖에 없습니다. 사용자 수의 증가는 반드시 시간을 필요로 합니다. 그렇기 때문에 즉시 돈이 되는 코인이 존재할 수 없는 것입니다.

코인에 투자하는 방법은 여러 가지가 있습니다. 첫째가 채굴에 참여하는 것, 둘째가 거래소의 시세차익을 노리고 투기를 하는 것, 그리고 셋째가 상거래를 통해 코인을 모으는 것입니다.

채굴에 참여하는 것은 다양한 방법이 있습니다. 그런데 여기에 함정이 워낙 많아서 자칫 잘못하면 폰지 사기 사건에 연루될 수 있어 매우 조심해야 합니다. 즉시 수익이 나는 것처럼 현혹시켜서 돈을 갈취당할 수 있기 때문입니다. 매일 수익을 지급한다고 하면서 다단계 형식으로 수십 개의 회사가 지금도 사기행각을 벌이고 있습니다.

Question 018

사 놓으면
가격이 오르나요?

nswer

사지 않으면 가격이 오를 수가 없습니다. 코인의 가격은

수요자의 증가에 의해 올라가기 때문입니다. 모든 코인이

다 그런 것은 아닙니다. 화폐로서 유용성이 높아 사용자가 많으면 시간이 지날수록 가격이 올라가게 되는 것은 당연한 경제 논리입니다.

비트코인이나 이더리움의 초기 현상은 바로 코인의 유용성을 바탕으로 수요자가 증가하여 가격이 올라가는 현상을 반영한 바람직한 결과였습니다.

그러나 현재 1,500만 원이 웃도는 비트코인 가격은 투기도박을 하려는 사람들이 증가하여 가격이 올라가는 비경제적 원인에 의한 것입니다. 이미 화폐로서 기능을 상실한 코인들의 가격은 언제든지 빠질 수 있어 대단히 위험합니다.

신생코인들이 ICO니 프리세일이니 하면서 투자자들을 모집합니다.

이런 코인들은 화폐로서 유용성이 검증되지 않은 상태에서 투자가 이루어집니다. 단지 소액이라는 매력이 있어서 상당히 많은 사람들이 여기에 집중하는 것 같기도 합니다.

그래서 코인거래소에 등록이 되면 초기에 반짝하며 가격이나 거래가 성사되는 경우가 대단히 많습니다. 초창기에는 이런 약삭빠른 투자자들이 돈을 조금 벌었다는 소식을 많이 접했지만 이제는 쉽지 않을 것입니다. 워낙 많은 코인이 생겼고 웬만한 사람들이 모두 이 정도의 상식은 겸비하고 있기 때문에 투자자들이 쉽게 몰리지 않고 있는 것 같습니다.

Question 019

ICO란
무엇인가요?

Answer

ICO는 Initial Coin Offering의 약어입니다. 주식시장에
서 사용되는 IPO(Initial Public Offering)에 비견하여 새로

생긴 용어입니다. 신생코인 회사가 개발 기술과 사업 청사진은 있는데, 자금이 부족한 경우에 백서라는 것을 발간하고 신생코인의 사업 청사진을 일반 대중들에게 알려서 먼저 투자를 받는 행위를 말합니다. 벼가 논에서 익기도 전에 쌀을 미리 팔아먹는 입도선매(立稻先賣)와 같은 개념입니다.

ICO를 행하는 행태를 보면 한국 코인 개발 회사의 경우 스위스와 같은 외국에 재단을 설립하고 비트코인이나 이더리움으로 투자금을 받습니다. 보통 비트코인 하나에 신생코인 35,000개 이렇게 교환비율을 정하고 3~4회 차에 걸쳐 개발 예정 코인 수를 판매합니다. 그런데 요즘은 각국 금융당국에서 ICO를 법으로 금지하는 분위기가 역력합니다. 이미 중국과 한국은 공식적으로 금지를 선언했습니다.

베트남과 러시아도 여기에 동참을 선언했고 일본도 가담할 태세입니다. 미국은 IPO에 준한 기준을 만들어 이 기준을 통과한 코인만 ICO를 허가한다고 발표했습니다.

이 기준을 통과할 코인은 거의 존재하지 못할 것입니다. 유용성 없는 코인을 일반 대중들이 정확한 정보가 없는 점을 노려 ICO를 통해 판매하는 경우가 대부분이기 때문입니다.

Question 020

ICO에 참가하면 무조건
돈을 벌 수 있나요?

 Answer

작년 초만 하더라도 대부분 ICO에 참가한 사람들은 소

액이라도 돈을 조금씩 벌었을 것입니다. 코인 거래에 참가

하는 사람들이 증가하는 추세였고 ICO를 하는 코인도 많지 않았기 때문입니다. 그리고 ICO를 금지시킨 국가도 없었고 매스컴에서는 새로운 혁신적인 크라우드 펀딩 형태의 자금조달 방법이라고 추켜세우기까지 했습니다. 아마 그래서 더욱더 ICO의 열풍이 풀지 않았나 싶습니다.

필자는 신경제연구소 블로그에 ICO의 현상을 "합법을 빙자한 코인 사기극이다."라고 비판한 적이 있습니다. 유용성이 없는 코인을 그럴 듯한 애매한 용어를 빌어서 일반 대중들에게 판매하는 행위는 결과적으로 사기일 수밖에 없습니다.

유용성이 없는 코인을 어디에 써먹는다는 말인가요? 먹어도 배부르지 않고 눈으로 볼 수 있어 감상할 수 있는 것도 아닌 전자적 신호를 화폐로서의 유용성이 없으면 전자쓰레기에 불과한 것입니다.

다행히 이제는 ICO가 금지된 상황이니 일반인들이 조금 더 신중해진 것 같습니다. 그래도 외국에 있는 코인 개발자들이 집요하게 ICO를 추진한다고 매스컴에 나오는 것을 볼 수 있습니다. 비트코인을 사서 송금하기 때문에 이를 막을 빙법이 마땅하지 않다는 문제가 있습니다.

필자는 ICO 로드쇼에 여러 번 참가하였지만 직접 투자한 적은 한 번도 없습니다. 한국에서 처음 발행된 보스코인 그리고 유명한 회사 이름을 앞에 붙인 코인의 로드쇼에도 참석을 했고, 사기극으로 끝난 코알코인의 로드쇼에도 참여해서 설명을 들은 적은 있지만 투자는 하지 않았습니다.

필자의 느낌으로는 화폐의 유용성을 제시하는 것이 모두 턱없이 부족했고, 코인이라는 것은 전 세계 사람들이 동시에 사용해야 하는 것인데, 그 코인을 전 세계에 골고루 분산시켜 사용자들을 모으는 마케팅 능력이 없어 보였습니다. 일부 몇 천 명의 사람들에게 투자를 받아 사용자 수를 증가시킨다는 것은 한강에 돌 하나를 던져 고기를 잡겠다는 발상과 비슷하게 보였습니다.

ICO에 참가하려면 코인의 유용성을 반드시 검증하고 그 코인을 전 세계에 분산시켜 유저를 모을 수 있는 강력한 마케팅 지원팀을 보유하고 있는가 하는 점을 반드시 점검해야 합니다. 코인만 떨렁 개발했다고 해서 유용성이 저절로 검증되어 사용자가 시간이 지나면 자연스럽게 늘어날 것이라는 생각은 아예 안 하는 것이 좋습니다.

비트코인은 가상화폐의 효시이기 때문에 시간이 지나면서 자연스럽게 사용자 수가 증가하여 가격이 상승하였지만, 요즘은 가상화폐의 수가 워낙 많아서 일일이 이름을 외우기도 불가능합니다. 그리고 거래소에 등록만 떨렁 했다고 해서 그 코인이 유용성이 있다는 증거는 절대 아님을 잊어서는 안 됩니다.

우리에게 다가올 미래
가상화폐의 세계 1

화폐의 비교

지구상에 존재하는 돈을 크게 금, 법정화폐, 가상화폐 이렇게 분류할 수 있다. 신용카드, 페이 등은 법정화폐의 충전 개념이라서 법정화폐의 사용 편리성을 향상시킨 다른 형태의 법정화폐이다.

법정화폐란 법이 가치를 정한 화폐로서 미국은 달러, 한국은 원화이다. 대다수의 많은 사람들이 법정화폐의 가치를 정부가 보증한다고 한다. 그것은 잘못된 개념이다. 발행은 정부 중앙은행이 독점하지만 정부가 가치를 보증하여 주지는 않는다.

누군가가 만 원을 들고 한국은행에 가거나 경제기획원에 가서 만 원의 가치에 해당하는 무엇을 달라고 하면 정신 나간 사람 취급을 당할 것이다. 종이를 들고 와서 무슨 생떼냐고 할 것이 뻔하다. 다만 헌 돈을 한국은행에 들고 가면 신권으로는 바꾸어 줄 것이다. 이 행위가 가치를 보증하는 것은 절대 아니다.

오늘 만 원을 가지고 냉면 한 그릇을 먹을 수 있다고 가정하자. 3년 후 냉면의 가격이 2만 원으로 올라가면 원화의 가치는 떨어지게 되어 있다. 떨어진 가치를 정부가 책임을 진다면 가치를 보증한다고 할 수 있다.

오히려 중앙정부는 법정화폐의 가치를 보증하는 것이 아니라 떨어뜨리는 역할을 한다. 화폐 발행량을 늘려 인플레이션을 야기하기 때문이다. 이 책의 독자들은 2008년 세계금융위기는 미국 중앙은행이 달러를 남발해서 생긴 사건임을 한시도 잊어서는 안 된다. 여기에서 화폐를 자세하게 설명하는 이유는 독자들이 화폐 자체에 대해 깊이 있게 배운 적이 없고 책을 찾아 자료를 보기도 어렵다. 그래서 일반인들이 가상화폐를 이해하는 데 많이 힘들어 한다. 필자가 많은 사람들과 강의도 하고 대화도 하면서 사람들이 가상화폐를 이해하는 데 왜 힘들어 하는지 깊이 있게 관찰했다. 경제학을 배우지 않아서 그럴까? 그럼 경제학을 배운 사람들은 이해를 잘 할까? 오히려 경제학을 배운 사람들이 가상화폐를 더 이해 못하는 것 같다.

필자가 그 원인을 발견했다.

지식인이건 아니건 우리는 돈에 대해 깊이 있게 연구하거나 생각하지도 않았다. 필자도 경제학을 전공했지만 경제학 서적엔 돈에 대해 간략하게만 기술되어 있을 뿐 어떤 실마리를 제공하는 깊이 있는 질문이나 의문도 없다. 단지 돈을 어떻게 벌고 어떻게 사용하는지 이런 것에만 학문적으로 접근이 많이 되어 있다. 돈에 대해 즉 법정화폐에 대한 막연한 신념이나 이데올로기를 가지고 있는 것 같다. 태어나면서부터 보아온 돈이고 돈이 우리 생활에 얼마나 중요한지 잘 알기 때문에 어떤 믿음이 생겨서 고착화된 것 같다. 돈은 반드시 변한다고 앞에서 살펴보았다.

1. 금

금이 금 노릇을 하는 이유는 무엇일까? 금이 돌덩이처럼 많다면 어떤 일이 생길까? 이런 질문을 던져 보면 금방 답을 찾을 수 있다. 금은 우리 인간의 역사 경험에 비추어 희소하다는 것이 증명되었다. 인간의 과학문명이 발달하여 금광을 한창 개발할 당시 수많은 금광 사기꾼들이 들끓었다고 한다. 지금의 가상화폐 사기꾼들처럼 말이다.

지금 현재 누군가가 개인이 자기가 금광을 발견했다고 하면서 돈을 요구하면 사기꾼이라고 치부하면 간단하다. 수많은 전문 인력과 장비를 갖춘 대기업도 금광을 발견하기 어렵다. 그런데 일개 개인이 어찌 금광을 발견하랴. 역사적 경험을 통해 우리는 금광이 쉽게 발견되지 않는다는 신념을 가지고 있어 희소성에 대한 신념이 생겼다. 금이 지금까지 돈의 왕좌 자리를 누리고 있다. 가장 안전한 금융자산이기도 하다. 물론 지금까지이다. 향후는 가상화폐에 그 자리를 넘겨줄 것이다.

2. 법정화폐

법정화폐는 각국 중앙은행이 독점 발행권을 가지고 있다. 법정화폐도 희소성과 국가권력에 대한 신뢰를 기반으로 사람들 사이에 돈으로 통용이 된다.

법정화폐가 무슨 희소성을 전제로 하느냐고 반문할 수 있다. 인쇄기로 찍어내는 지폐가 희소성이라니! 제 2차 세계대전이 끝날 무렵 독일 가정주부들이 불쏘시개로 지폐를 태우는 사진을 역사 교과서에서 볼 수 있다. 이것은 무엇을 말하는가?

형태만 돈이고 이름만 돈이지 불쏘시개가 아닌가? 돈이란 이것을 주면 상대가 무엇인가 대가를 지불해야 하기 때문이다. 불쏘시개로 사용하는 돈은 필자가 도화지에 돈이라고 쓰고 숫자를 적어 놓은 것과 본질적으로 동일하다. 그래서 돈이 아니다.

　법정화폐도 희소성을 잃으면 돈이 안 된다는 것을 설명하는 좋은 예이다. 지금 북한에서도 북한 돈이 달러나 위안화보다 대접을 못 받고 있다고 한다. 3대 세습으로 이어지면서 화폐개혁을 단행하고 신권을 남발하여 돈의 가치를 인정받지 못하고 있기 때문이다. 예를 들어 우리나라가 일본을 식민지화시키면 일본 돈이 국제사회에서 돈으로 인정받을 수 있을까? 즉 국가권력 기반을 잃게 되면 사람들이 신뢰를 하지 않아 돈으로서 기능을 상실한다. 그래서 법정화폐는 희소성과 국가권력이라는 신뢰의 근거가 사람들에게 신뢰를 받아야 돈이라고 할 수 있다.

3. 가상화폐

　가상화폐는 여러 나라에서 법으로 돈(화폐)이라고 정의를 내렸다. 2016년 5월 25일 일본은 '교환기능이 있는 재산적 가치'로 법적 정의를 내리고 상품이 아닌 화폐라고 법을 공표했다.

　비트코인, 이더리움 등 가상화폐는 실제 화폐로서 각 나라에서 활발하게 거래되고 있다. 그리고 법으로도 실제로도 돈이 되었다. 가상화폐의 기술설명 시 좀 더 상세하게 다룰 것이다. 그

부분 독자들은 참조하기 바란다.

가상화폐는 신뢰의 기반이 무엇이기에 화폐로서 기능을 할까? 세계 어떤 경제학 책에도 없는 질문이고 네이버에도 여기에 대한 답이 없다. 이 책을 읽은 독자들은 앞으로 확실하게 답을 할 수 있다. 가상화폐도 희소성을 전제로 블록체인이라는 기반기술을 신뢰의 기반으로 한다. 희소성은 금과 법정화폐와 마찬가지이다. 화폐는 희소성을 상실하면 돈이 될 수가 없다. 가상화폐는 블록체인이라는 기술을 신뢰의 근간으로 하는 것이 금, 법정화폐와 다를 뿐 금과 법정화폐 두 가지 화폐 속성을 모두 가지고 있다. 거기에 사용편리성과 경제성이 기존 화폐에 비해 월등하기 때문에 가상화폐가 역사적 의미가 있다.

해킹이 되거나 쉽게 분실되거나 이러면 화폐로서 신뢰를 받을 수 없다. 블록체인이라는 기반기술이 이와 같은 문제를 해결하여 사용자들에게 신뢰를 얻은 것이다. 물론 인터넷을 통하여 돈을 전달할 수 없다고 생각한 사람들이 해결하지 못한 문제, 즉 이중지급을 해결한 것도 블록체인의 덕분이다. 물론 블록체인은 가치를 기록하는 기능도 있고 아직까지 적용분야를 개발하지 못한 것도 많이 있다. 이런 분야들은 가상화폐의 문제가 아니고 엔지니어들 즉 전문가들의 영역이다. 우리 보통사람들이 블록체인 혁명에서 주인공으로 자리할 수 있는 것은 가상화폐를 채굴하는 일이다. 이 점은 꼭 명심하고 있어야 한다.

구 분	금	법정화폐	가상화폐
신뢰의 기반	희소성	희소성	희소성
	역사적 경험	국가권력	블록체인
상거래 기능	휴대 및 소액분할이 어렵다.	권종별로 분할 가능하고 휴대가 간편함	10원까지 결제 가능하고 휴대하지 않아도 됨
송금기능	비용이 많이 든다.	인터넷 발달로 손쉬움, 시간과 비용이 발생	1분 안에 세계 어느 곳이나 비용 거의 없이 송금가능
저축기능	물가상승분 반영 하나 보관비 과다	마이너스 금리 및 은행보관료 발생	물가상승분 반영 보관비 제로
투자의 대상	투자의 대상	기축통화는 환율차익 투자의 대상	투자의 대상
시스템 운영비용	보관비 발생	재발행 및 은행 시스템 유지 비용	유지비용 없음

CHAPTER 2
가상화폐는
정말 필요한가요?

Question 021

가상화폐의
필요성이 있나요?

Answer

우리 독자들도 스스로 이 질문에 거침없이 답변을 할 수

있어야 가상화폐의 고수 반열에 올라갈 수 있습니다. 가상

화폐의 유용성과 같은 말이 필요성일 것입니다.

한마디로 가상화폐는 반드시 필요합니다. 가상화폐로서의 필요충분조건을 갖춘 코인이 있다면, 물어보지 말고 바로 초기에 투자해 놓으라고 주장하는 이유가 여기에 있습니다.

첫째, 상거래 시 지불시스템을 유지하는 비용이 혁신적으로 줄어듭니다. 한국만 하더라도 지폐의 재발행 비용이 연간 1,700억 원이 사용됩니다. 이것은 모두 비경제 요인이라 할 수 있습니다.

굿모닝충청 충청 1등 대변인
www.goodmorningcc.com

속보   클릭충청   뉴스플러스   오피니언   재테크   삶의향기   참여마

HOME > 뉴스플러스 > 경제

"한해 화폐 재발행 비용만 1700억"
한은 대전충남본부, 청양·서천서 '돈 깨끗이 쓰기' 캠페인

둘째, 국제 간 송금 시 비용과 시간이 획기적으로 줄어듭니다. 송금료가 거의 없이 1분 만에 돈이 정확하게 상대방

에게 진달될 수 있다면 지금처럼 달러를 사서 송금하시겠습니까? 아니면 가상화폐를 사서 송금하겠습니까? 물어보지 않아도 답은 확실합니다.

그럼 누가 이런 송금 수요를 가지고 있을까요?

1. 해외에 나가 있는 개발도상국 등의 해외 노동자들입니다. 현재 1.5억 명이 있으며 연간 6,500억 달러(한화 650조 원)를 자국으로 송금하고 있다고 합니다.

2. 유학생들의 해외교육비 송금시장입니다. 구체적인 자료를 본 적은 없으나 그 금액이 상당할 것으로 예상됩니다. 당장 필자의 딸도 독일로 유학을 간 지 6개월 만에 2천만 원 정도 송금한 것 같습니다. 비트코인을 사서 하려 했으나 한국이 독일보다 10% 이상 비싸서 유로화를 사서 비용을 많이 들여 송금했습니다.

셋째, 국제 간 상거래 대금결제 시장입니다. 인터넷의 발달로 글로벌화가 가속화되면서 천문학적인 국제 간 무역거래 자금결제시장이 있습니다. 이 시장을 노리고 리플코인이 개발되었으나 KYC를 장착하지 못하고 가치의 변동성이

심해 은행들이 채택하기를 꺼려하고 있습니다.

넷째, 아직도 은행통장이 없는 세계 인구가 20억 명이 넘습니다. 아프리카나 중동아시아 등 후진국의 경제발전에 걸림돌이기도 합니다. 이들에게 금융을 제공할 수 있는 길은 바로 가상화폐입니다. 케냐의 한복판에서도 스마트폰을 사용하고 있기 때문입니다. 즉 가상화폐에 대한 잠재수요가 대단히 높다는 것입니다.

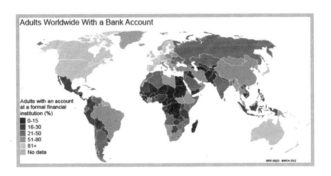

세계 각국 성인들의 은행 계좌 보유 현황

다섯째, 돈의 흐름이 투명해질 수밖에 없기 때문에 사회가 발전할수록 가상화폐에 대한 수요가 높아질 것입니다.

여섯째, 은행이 마이너스 금리로 돌아서면 지폐(돈)를 보관하는 데 많은 비용이 발생합니다. 2011년 일본에서 발생한 동일본 대지진 때 수많은 개인 금고들이 쓰나미에 떠내려 왔다고 합니다. 일본은 현금을 많이 사용하고 있고 금리가 마이너스이다 보니 개인 집에서 현금을 보관하고 있었던 것입니다. 금고 비용, 금고의 자리 차지 비용, 도난에 대한 비용을 합치면 현금을 보관하는 비용이 국가적으로 막대합니다.

가상화폐가 반드시 필요한 이유를 크게 여섯 가지 정도로 요약을 해 보았습니다. 이제는 가상화폐가 왜 필요한지 우리 독자들은 잘 알 수 있을 것입니다.

Question 022

KYC 인증이란
어떤 것일까요?

 nswer

KYC는 know your customer의 약어입니다. 위키피디

아 백과사전에서는 '고객의 신원을 확인하고 보증하는 비

즈니스의 과정. the process of a business identifying and verifying the identity of its clients'라고 정의하고 있습니다.

보통 국제금융실명제의 표준이라고도 합니다. 한국에서 실행하는 금융실명제는 은행의 통장 개설 시 신분증을 반드시 제시해야 합니다. 물론 일정 금액 이상을 송금하려 해도 신원을 확인해야 할 법적 의무가 있습니다. 이것이 금융실명제입니다.

KYC는 자금세탁방지, 테러자금유입 방지 그리고 불법무기나 마약거래 방지를 위해 실시하는 정책인데, 보통 국제여권과 해당국가 초본을 제시하면 신원을 인증해 주는 것으로 실생활에서 사용하고 있습니다.

특히 가상화폐에서 KYC가 중요합니다. 비트코인류의 코인들은 분산형으로서 모두 익명성일 수밖에 없습니다. 중앙관리자가 없기 때문에 KYC인증을 실행할 수 없습니다. 그래서 이런 익명성 코인들로 인해서 예상했던 범죄행위가 끊이지 않고 있습니다.

요즘 자주 발생하는 랜섬웨어 해킹사건은 익명성의 코인

특징 때문입니다. KYC가 엄격하게 실행되는 코인이라면 해킹해 보았자 해커에게 무용합니다. 해커의 신원이 확인되기 때문에 해킹을 할 리 만무합니다.

KYC를 실행하면 돈의 흐름이 투명해집니다. 현재 국가적으로 지폐 시스템이 보여주는 비경제적 요인이 일거에 제거되며, 정책상으로도 비용이 엄청 절약될 것입니다. 하루 빨리 국가발행 지폐도 디지털 가상화폐로 바뀌어야 하는 이유입니다.

그런데 KYC를 실행하려면 돈이 대단히 많이 듭니다. 인증을 위한 중앙관리 조직을 운영해야 하며 방대한 신원자료를 해킹이 되지 않도록 안전하게 보관해야 하는 막대한 저장비용이 발생하여 웬만한 코인회사는 엄두조차 내지 못합니다. 사용자 정보를 보관하였다가 해킹을 당했을 때 책임져야 할 어마어마한 위험부담비용을 담당할 회사가 그렇게 많지 않습니다.

코인이 범용적으로 화폐로 사용되려면 해킹으로부터 자유로워야 합니다. 바로 KYC가 정답입니다.

Question 023

가상화폐는
대박인가요? 거품인가요?

nswer

대박임이 이미 증명되었고 또한 거품임이 증명되어 가고

있습니다. 비트코인을 초기에 투자하여 채굴에 참여하였거나 피자집 사장 같은 사람은 대박을 터뜨린 것이며 요즘처럼 비트코인이 상상을 초월하는 가격 상황에서 투자를 한 사람들은 거품의 소용돌이에 빠질 위험이 상당히 높습니다.

비트코인의 피자집 주인의 사례는 대박일 것이고, 요즘에 뒤늦게 뛰어든 사람들은 항상 거품 논란의 중심에 있을 수밖에 없습니다. 비트코인류의 코인들이 화폐의 기능을 상실하지 않았다면 거품이 아닐 것입니다.

하지만 이미 화폐의 기능을 상실하고 거래소에서 도박의 수단으로 전락하고 말았습니다. 거래소가 폐쇄되거나 거래 기능을 정지시킨다면 하루아침에 거품이 빠질 것이 분명합니다.

하지만 아직도 대박의 기회는 남아 있습니다. 바람직한 신생코인이 반드시 태어날 것이 분명하기 때문입니다. 그 가능성을 원코인이 열었기 때문입니다. 일상생활에서 화폐로서 기능을 충실히 수행할 수 있는 코인이 현실적으로 가능하다고 하는 것을 보여주고 있습니다.

1,200억 개의 원코인 하나만으로는 전 세계 가상화폐의 수요를 감당하기에 부족합니다. 원코인류의 코인들이 향후

몇 개는 더 나올 것입니다.

지금 착실히 공부하여 두었다가 그 기회를 잡는다면 대박이 분명합니다. 타이밍을 놓치지 않기를 바랍니다. 한국 사람들이 바람직한 코인을 많이 채굴하여 가지고 있으면 외화를 벌어들이는 것과 동일한 결과를 가져옵니다. IT강국 대한민국의 저력을 보여줄 때가 서서히 다가오고 있는 것입니다. 생각을 열어두고 때를 기다려야 합니다.

지금까지 나타난
가상화폐의 폐해와 단점은
어떤 것일까요?

Answer

가상화폐의 폐해는 우후죽순으로 너무 많은 코인이 남발
되었다는 것입니다. 이것은 필연적인 현상일 수밖에 없을

깃입니다. 개인이 개발하고 개발하는 데 큰돈이 들어가지 않아 누구나 쉽게 코인을 개발할 수 있기 때문에 당연한 현상입니다.

가상화폐에 대한 지식이 체계화되어 있지 않고 정보 또한 은밀하게 흘러 다니다 보니 묻지마 식의 투자가 성행하고 있는 것 또한 현실입니다. 그렇다 보니 금전적으로 손실을 보는 사례가 다수 발생하고 있고, 가상화폐를 이용한 범죄도 점차 증가하고 있습니다.

그 범죄의 대표적인 사례가 금융 피라미드 사기 사건입니다. 사기의 종류는 워낙 다양한 현상을 가지고 있는데, 그 중에 대표적인 몇 가지를 정리하여 보겠습니다.

1. '코인트레이딩 전문회사'라고 하면서 다단계로 투자자를 모읍니다. 100% 비트코인이나 이더리움 등 비트코인류의 코인으로 투자를 받고 코인으로 투자수익을 돌려준다고 합니다. 회사의 소재지는 해외가 대부분이지만 국내에 있다고도 합니다.

하지만 이런 회사는 절대 실체가 없습니다. 사장이 누군지 얼굴이 알려지지도 않고 인터넷상으로 순식간에 퍼져 가는 현상이 대부분입니다. 트레이딩한다고 하는 회사는 100% 사기입니다.

그런데 간혹 이런 사람들을 만납니다. 어차피 사기인 줄 알고 한다는 것입니다. 먼저 들어가서 치고 빠지면 꽤 큰돈을 번다고 주장합니다. 몇 군데 터져도 한 군데서만 돈을 벌면 이익이라는 것입니다. 이 얼마나 도덕적으로 나쁜 말인가요? 본인만 돈을 잃으면 그만이지 반드시 또 옆 지인에게 얘기를 전달합니다. 그렇게 할 수밖에 없는, 수당으로 상당히 큰 소개비를 주기 때문입니다.

지인에게 소개를 하면서 "투자는 원래 리스크가 있는 것이니, 너 스스로 판단해서 알아서 해라." 이런 식으로 자기 책임을 회피합니다. 이렇게 전파되다 보면 순식간에 몇 천, 몇 만 명의 투자가가 모이고 피해액은 눈덩이처럼 커집니다.

얼마 전 필자는 사회적으로 상당히 존경을 받을 만한 일을 하는 사람을 만났는데, 트레이딩 일을 하면서 여러 사람들에게 돈을 벌게 해 주었다고 자랑을 했습니다. 아직은 아니지만 반드시 끝이 사기로 끝나는 이 일을 꼭 해야만 하느냐고 물었더니 그것을 어떻게 아냐고 반문을 했습니다.

2. 채굴을 대행해 준다고 하는 마이닝풀에 투자를 하라고 다단계로 사업을 하는 회사가 여럿 있습니다. 그 결과도 100% 끝이 좋을 수 없습니다. 채굴은 경쟁시장으로 시간당 한정된 수량이 채굴되게 프로그램 되어 있고 상대방이 더 좋은 채굴기를 보유하면 상대적으로 나의 채굴량이 턱없이 줄어드는 것이 채굴시장입니다.

실제로 채굴공장을 운영할 수도 있으나 수익이 남들에게 돈을 벌어 줄 만큼 나지 않습니다. 거기다 다단계로 운영한다면 100% 사기로 결말이 납니다. 대부분 실제 채굴공장도 없이 코인으로 투자받고 그 코인으로 수당을 주는 돌려막기식 금융피라미드입니다.

요 며칠 전에 마이닝맥스인가에서 유명 가수가 연루되었다는 사기 행위가 매스컴을 메우고 있는 것을 보았습니다. 가상화폐 전문가라고 하면서 강의까지 진행하는 유명인사도 여기에 투자를 하여 많은 손실을 입었다고 합니다. 참으로 어처구니없는 일이 아닐 수 없습니다.

3. 국제 시세차나 거래소 시세차를 이용하여 트레이딩을 통한 이익을 내는 회사라고 하면서 다단계로 투자를 권유합니다. 이런 행위 또한 100% 사기입니다. 해외로 돈을 어떻게 지속적으로 보낼 수가 있는 것일까요? 투자를 현금으로 받지 않고 비트코인류의 코인으로 받습니다. 받는 사람이 누군지 모르게 하기 위함이고 수당도 코인으로 줍니다.

4. 코인을 개발한 회사가 이익을 붙여 되사주는 경우입니다. 그 코인회사는 이미 신용카드사 발급회사이거나 대기업이라고 홍보하면서 다단계로 홍보합니다. 이런 코인 또한 100% 사기로 끝납니다. 수익의 원천이 없는데 어디서 무슨 돈으로 판매가격보다 비싼 가격으로 코인을 되사준다는 말일까요? 세상에 이런 거래는 존재할 수 없는 것입니다.

다단계 사기 사례를 예로 들다보니 이런 현상은 코인의 현상에만 국한된 얘기가 아닌 일반적인 사기 현상인데 단지 코인을 이용했다는 생각이 듭니다. 다른 폐해로는 중학생까지도 가상화폐 거래소에서 도박을 하고 있다고 하며 직장인들 중 여러 사람이 가상화폐 좀비족이 생겼다는 뉴스를 간혹 접합니다. 손쉽게 약삭빠르게 돈을 벌겠다는 생각을 가지고 있다 보니 이런 현상이 생기는 것 같습니다. 참으로 안타까운 일이 아닐 수 없습니다.

한국 대표적인 거래소들이 여러 포털사이트에 광고한 문구를 보면 젊은 사람 누구나 쉽게 돈을 벌 수 있는 것처럼, 또 소액을 들여 큰돈을 버는 것처럼 과대광고를 하고 있는 것을 볼 수 있습니다. 건전한 가상화폐 거래 문화를 정착시킨다는 사회적 책임감을 다하는 거래소가 되기를 희망해 봅니다.

현재 드러난 가상화폐의
단점들은 극복할 수 없나요?

Answer

인간이 역사상 극복하지 못한 단점은 하나도 없습니다.

새처럼 날지 못하는 단점을 라이트형제가 극복했습니다.

일반적인 사람들은 이런 혁명적인 기술 발전을 말도 안 된다고 하지만 반드시 이를 극복하는 창의적인 사람들이 태어나게 마련입니다.

현재 드러난 가상화폐의 단점이 무엇인지부터 정리해 보면 향후 어떻게 극복하여 바람직한 코인이 등장할 것인가를 예측해 볼 수 있습니다.

첫째, 가치의 불안정성입니다. 화폐의 가장 기본적인 조건 중의 하나인 것이 가치의 안정성입니다. 가치의 등락이 급변하면 상거래의 매개 수단 등 화폐로서 기능을 할 수 없기 때문입니다. 한국은행 총재도 비트코인류의 가상화폐를 화폐로서 법적 지위를 부여하는 데 주저하는 가장 큰 이유가 가치의 불안정성입니다.

둘째, 거래 처리 속도 문제이며 수량이 적다는 것입니다. 인터넷상에서만 대금 지불이 이루어지는 가상화폐의 특성상 거래 처리 속도는 대단히 근본적인 기술입니다. 신용카드의 거래 처리 속도가 분당 70만 건에 이르고 있는 점을 감안하면 가상화폐도 그 정도의 거래 처리 속도를 가진 블록체인이 있어야 한다는 결론이 쉽게 납니다.

그런데 비트코인류의 코인들의 거래 처리 속도는 기껏해야 분당 1만 건 미만입니다. 이더리움의 개발자 비탈릭 부테린조차도 이더리움의 거래 처리 속도가 비자카드 수준에 도달하려면 적어도 2년에서 5년은 걸려야 한다고 공개적인 석상에서 밝혔습니다. 하지만 원코인은 이미 2016년 10월 1분에 75만 건 이상 거래 처리가 가능한 블록체인 2.0을 발표하였고, 코인 채굴 수량도 1분에 5만 개까지 늘려 1,200억 개의 코인을 개발해 발표했습니다.

셋째, 익명성이 문제입니다. 세계 여러 나라에서 익명성의 특성 때문에 규제에 들어갈 소지가 대단히 높습니다. 이미 베트남은 익명성 코인의 사용을 금지시켰습니다. 각국 중앙은행들은 약간의 입장차가 있지만 가상화폐의 가장 우려스러운 부분이 익명성이라서 각종 범죄에 연루될 수 있다는 것입니다.

이런 근본적인 세 가지의 단점을 극복하면 바람직한 가상화폐가 출현할 수 있습니다. 원코인이 위 세 가지 단점을 완벽히 극복한 새로운 가상화폐의 기준을 제시하고 있습니다. 향후 새롭게 태어날 가상화폐는 원코인류기 될 것입니다.

Question 026

과거 여러 가상화폐들이
해킹당한 적이 있나요?

Answer

간혹 매스컴에 가상화폐가 해킹을 당해 많은 피해가 발

생했다고 보도가 나옵니다. 가상화폐는 해킹을 당할 수 없다는 것이 증명되었다고 합니다. 바로 블록체인이라는 기술 때문에 현실적으로 가상화폐는 해킹을 당할 수 없기 때문에 전자지갑에 찍힌 숫자를 신뢰할 수 있어 화폐로서 기능을 한다고 하는 것이 가상화폐의 기본 정석입니다.

그런데 가상화폐 해킹 사건이 자주 발생합니다. 참으로 아이러니가 아닐 수 없습니다. 가상화폐는 블록체인 플랫폼과 코인보관 지갑으로 이루어져 있습니다. 가상화폐 플랫폼 자체는 해킹이 불가능한 가장 완벽한 보안 그 자체입니다.

그런데 가상화폐를 보관하는 전자지갑의 정보가 해킹에 자주 털리고 있는 것입니다. 신문기자들은 내용을 정확히 모르기 때문에 가상화폐가 해킹을 당했다고 보도기사를 냅니다. 당연히 우리 보통사람들은 "뭐야, 가상화폐가 해킹이 되네." 하고 받아들일 수밖에 없습니다.

코인을 보관하는 전자지갑의 종류는 여러 가지가 있는데, 대표적인 것이 한국 코인거래소의 전자지갑을 거래소 서버에 보관하는 것입니다. 거래소의 서버도 개인보다는 보안능력이 좀 뛰어날 뿐 개인 서버에 불과한 것입니다.

그리고 개인이 자체적으로 PC나 휴대폰 전자지갑에 보관하는 것입니다. 이렇게 개인적으로 코인을 보관해야 하기 때문에 아이디와 비밀번호가 노출되면 코인은 해킹을 당하게 됩니다. 특히 익명성이기 때문에 추적이 불가능합니다. 이런 점 때문에 해킹사건이 점점 더 많이 일어날 것입니다. 그래서 KYC를 하루 빨리 코인에 장착해야 합니다.

코인의 보관을 개인에게 맡기지 말고 블록체인으로 개발된 클라우드 서버에 보관을 하고 KYC를 엄격히 실행하면 해킹의 두려움에서 해방될 수 있을 것입니다.

Question 027

가상화폐 지금 시작해도
늦지 않았나요?

Answer

비트코인류에 투자를 하려면 많이 늦은 감이 있습니다.

다만 거래소를 통해서 단기 시세차익을 노리는 투기를 한

125

다면 늦지 않을 수도 있지만 필자는 권하고 싶은 생각은 전혀 없습니다.

그리고 간혹 신생 코인들이 ICO나 기타의 방법으로 출현하고 있습니다. 코인마다 조금씩 특성이 있는데 그 특성이라는 것이 근본적인 차이를 가지고 있지 않고 아주 사소하고 지엽적인 차이가 대부분입니다. 그래서 비트코인류라고 보면 됩니다.

그런 코인들이 유명해지기에는 이미 너무 많은 코인이나와 있습니다. 네이버에 광고해 놓고 판매되기를 기다리는 건강보조식품과 별반 다를 바 없습니다. 1등은 기억하지만 2등이 1등을 이기려면 1등과 본질적인 차이가 있어야 이길 수 있습니다. 비트코인보다 좋아봐야 비트코인류의 코인은 비트코인을 이길 수 없습니다. 비트코인을 따라서 가격이 올라갈 수도 없습니다. 거래소에서 도박을 하는데는 비트코인 하나만 있어도 충분하기 때문입니다.

하지만 아직도 늦지 않았다고 필자는 강력히 주장합니다. 앞으로도 바람직한 코인 몇 개는 나올 것이 분명하기 때문입니다. 단지 그 코인이 유저 수가 늘기까지는 상당한 시간이 걸려야 한다는 것을 명심하고 소액을 투자하고 시간과의 싸움을 시작해야 합니다. 바람직한 코인을 발견할 수 있는 안목을 키우는 일에 집중하고 타이밍을 포착하기 위해 마음과 눈을 열어 두고 기다립시다.

Question 028

현재 가장 안정성 있는
코인은 무엇인가요?

Answer

가장 인기 있는 코인이 상대적으로 더 안전할 것입니다.

비트코인, 이더리움, 리플코인이 가장 안전하고 그다음이 원코인일 것입니다. 가장 안전하다는 얘기는 투자 시 수익이 크지 않다는 말과 일맥상통합니다. 바람직한 코인은 유저 수가 늘어나는 숫자와 비례해서 가치가 서서히 올라가기 때문입니다. 천억 개 이상인 리플코인이나 원코인은 가치가 쉽게 올라가지 않습니다. 대신 등락폭이 심하지 않아서 안정성이 높습니다.

이 책을 읽는 독자들께서는 어디에 방점을 둘 것인지, 일확천금을 노리는 스타일인가 안정적인 투자수익을 기대하는 스타일인가를 판단해서 자기 스타일에 맞게 투자를 해야 할 것입니다.

사실 안정성을 판단하는 기준은 어떤 코인이 화폐로서 유용성이 가장 높은가 하는 것을 판가름해 낼 수 있으면 유용성이 높은 코인이 가장 안전한 코인이 될 것입니다.

지금은 가격이 낮거나 인기가 없더라도 시간이 지나면 지날수록 그런 코인이 빛을 발할 것이 분명합니다. 코인의 유용성의 기준이 무엇인지 잘 모르신다면 다시 앞으로 돌아가서 〈가상화폐의 필요성이 있나요?〉라는 질문 편을 다시 읽어 보기 바랍니다.

Question 029

실제 가상화폐를 가지고
돈으로 환전이 가능한가요?

Answer

네, 가능하다는 것이 정답입니다. 환전이라기보다는 매

각이 더 정확한 표현입니다. 환전이라는 것은 은행에서 돈을 환율에 의해 바꾸어 주는 것을 환전이라고 표현하는 것입니다. 가상화폐는 거래소나 개인 간 거래에 의해 사고자 하는 상대방에게 매각을 하고 그 대금으로 현금을 받는 것입니다. 어쨌든 가상화폐와 현금으로 쉽게 교환이 됩니다.

그러나 이렇게 교환되는 것도 지금 당장이지 누가 법으로 보증하여 주지 않습니다. 지금 가능하다고 해서 내일도 가능하리란 보장은 어디에도 없습니다. 이것이 바로 가상화폐입니다.

그리고 매각단가가 수시로 변하기 때문에 일정한 교환비율이 있는 환율과도 성격을 달리하고 있습니다. 환율의 심한 변동은 경제활동을 어렵게 하고 국가지불시스템을 불안정하게 만들기 때문에 중앙은행이 환율방어에 개입하여 안정된 환율정책을 실행하고 있습니다. 하지만 가상화폐의 가치안정을 위해 국가금융기관 어느 곳도 책임이 없고 가치변동성을 안정시키기 위해 개입할 방법도 없습니다.

따라서 가상화폐를 소지한 각 개인이 자기 책임하에 돈과 환전해야 합니다. 간혹 가상화폐 거래소들의 서버가 다운되어 내가 원하는 가격에 즉시 매각을 하지 못하여 손해를 보는 경우도 자주 발생합니다.

지금도 거래소인 빗썸이 8,000명 이상의 회원들에 의해 집단소송을 당하고 있는 것으로 알고 있습니다. 거래량이 많고 거래회전율이 높은 코인이 매각이 쉽습니다.

Question 030

비트코인의 가치가
오르락내리락하는 데
문제는 없을까요?

Answer

2016년 초반만 하더라도 60만 원 내외이던 비트코인이

2017년 12월에 접어들어 1,500만 원을 웃돌며 거래가 되

고 있습니다. 비드코인의 실수요자는 비트코인 도박을 하는 사람들의 수요 형태를 보이고 있기 때문에 사회적으로 큰 문제는 없습니다.

부동산 가격이 폭등하면 부동산의 실수요자들이 손해를 입기 때문에 엄격하게 부동산 거래가격을 관리합니다. 하지만 비트코인의 가격 폭등으로 인해 손해를 보는 사람이 생길 수 없습니다. 단지 비싼 가격에 코인을 구매했는데, 가격이 떨어져서 손해를 볼 수는 있습니다. 그것은 지극히 개인적인 문제이고 사회적인 문제는 아닙니다.

하지만 비트코인이 화폐로서 유용성이 높은 코인이라서 실제 상거래에 일상적으로 사용되는 코인이라면 가격이 폭등했다고 해서 아무 문제 될 것이 없습니다. 비트코인이 개당 단가가 높으면 상거래 시 결제 지불 수단으로 사용하기가 심리적으로 부담스러운 것은 있을 수 있습니다. 비트코인의 가격이 올라간다고 해서 누군가 손해를 볼 일이 전혀 없기 때문에 사실 문제는 없습니다.

그러나 비트코인 광풍이 불면서 어린 학생이나 직장인들이 생활리듬이 깨져버려 일상생활을 소홀히 하는 사회적

병리현상이 생길 수는 있습니다.

그리고 비트코인의 가격이 폭등하면 비트코인 소지자들이 비트코인으로 물건을 사거나 할 생각이 아예 없을 것입니다. 보유하고 있던 현금으로 물건을 사고 비트코인을 계속 소지하고 있을 것입니다.

그럼 상품거래의 가상화폐 수요가 없어 가격이 오르지 않는다는 말이 됩니다. 사회적으로는 일확천금을 꿈꾸는 사람들이 코인에 묻지마식의 투자라든지 젊은이들의 투자 참여로 건전한 윤리관을 확보하는 데 실패할 위험이나 단점이 분명 존재합니다.

Question 031

가상화폐 개발자들은 마음대로
화폐를 만들어 자기 것으로
할 수 있나요?

Answer

　　한편으로는 가능하고 한편으로는 불가능합니다. 블록체

인의 특성은 해킹이 불가능한 것 외에 투명성을 담보할 수 있는 기술이기 때문입니다. 사람이 신뢰를 만드는 데 개입하지 않고 연결된 가치중립적인 기계인 컴퓨터가 투표에 참가하여 거래이력이 가장 긴 것을 맞는 거래로 합의하여 거래승인을 결정하는 것이 가상화폐의 거래입니다. 개발자도 채굴자들 중의 한 명일 수밖에 없습니다. 비트코인 제작자 사토시 나카모토는 비트코인을 얼마나 챙겼을까요?

2010년 5월 18일 저녁 미국의 Laszlo Hanyecz라는 프로그래머가 피자 두 판을 호텔로 배달시켜 주는 사람에게 1만 비트코인을 지불하겠다는 글을 올렸습니다. 4일 후 실제로 피자거래 송금내역과 함께 피자 인증샷을 올렸습니다. 당시 피자 두 판은 30달러가량이었고, 라즈로는 1비트코인이 0.003센트 가치가 있다고 여긴 것입니다. 즉 이건 그 정도로 비트코인 채굴비용이 낮았다는 이야기로, 그때는 1블록 채굴에 채굴자에게 50비트코인이 주어졌으니까 1만 비트코인을 채굴을 통해 벌려면 200블록을 만들어냈어야 했습니다. 블록 200개를 생성하는 데 30달러밖에 안들었다면, 이때는 채굴자간 경쟁은 없었고, 단 시간 내 많은 비트코인을 채굴하였던 것입니다.

그러던 것이 지금은 1비트당 12,000달러, 1만 비트면 1억 2천만 달러로 피자 두 판에 1만 비트코인을 받았다는 것은, 피자 두 판이 50달러 정도로 계산해 보면 비트코인 하나당 얻는 단가가 0.005달러 미만이었다는 계산입니다

사토시 나카모토는 비트코인을 만든 당사자로서, 비트코인 네트워크의 최초 진입자이고 비트코인을 채굴한 최초 인물입니다. 사토시 나카모도가 최초로 블록을 생성하여(이것을 genesis block이라고 한다. 번호로 이야기하면 block#0다. 0번 블록.) 50 비트코인을 챙긴 게 2009년 1월 3일입니다.

그때부터 사토시 나카모토는 경쟁자가 없는, 혹은 있어도 별로 파워풀하지 않은 초기에, 트코인당 채굴비용이 0.003 달러도 안 되던 시기에, 아주 낮은 가격으로 비트코인을 채굴했던 것입니다. 비트코인 개발자였던 Sergio Lerner는 2012년 10월 사토시 나카모토가 약 1백만 개의 비트코인을 채굴해 가졌을 것이라고 추정했는데, 사토시 나카모토는 그 비트코인을 2012년 2월까지 한 번도 사용한 적이 없었다고 알려지고 있습니다.

만약 사토시 나카모토가 혼자 1,000만 개의 비트코인을

채굴하여 보유하였다면 비트코인이 오늘날과 같이 되었을까요? 여기에 답하기 위해 다른 질문을 하나 더합니다. 애플이나 구글이 지구상의 금을 모두 가졌다면 금이 금 노릇을 할 수 있을까요? 100%로 아닙니다.

돈이란 전 세계 골고루 분포되어 있는 것이 최고의 돈입니다. 즉 유동성이 강하고 사용자들이 많으면 우량 화폐가 되고 수요가 많기 때문에 가치가 있는 돈이 됩니다.

사토시 나카모토도 이런 정도의 기본을 정확히 아는 인물일 것입니다. 더 이상 욕심을 부리지 않고 100만 개의 비트코인을 채굴하고 일반인들에게 소스를 공개하여 비트코인의 유동성을 확보하게 만들었습니다. 향후 개발되어 채굴이 시작되는 가상화폐 모두 제네시스 블록의 코인들은 개발자들이 가지고 있다고 보면 정확한 정답입니다.

그리고 개발자가 코인을 몰래 개발하여 시스템 내부로 가져들어올 수 있을까요? 그것은 불가능합니다. 채굴 당시부터 이력이 누적되어온 거래만 시스템에 받아들이기 때문입니다. 채굴이 반드시 필요한 이유입니다.

Question 032

특정 코인의 가격이 상승하면
다른 코인들도 같이 오르나요?

Answer

지금까지 기술지표를 보면 동반상승한 것은 분명한 사실

입니다. 그러나 그것은 현재의 결과를 놓고 해석한 것입니다. 지금은 가상화폐의 진입 초기 단계이므로 개발된 코인들 모두 가격이 어느 정도 올라가 있습니다.

각각의 코인들의 유용성에 대한 분석도 없이 초창기라 사 놓으면 가격이 올라 돈을 조금 벌 수 있다는 생각으로 투자자가 늘고 있기 때문에 가상화폐 전반적으로 가격이 올라가고 있습니다. 그래서 특정 코인의 가격이 올라가면 다른 코인들의 가격도 같이 올라가는 것으로 보이는 착시가 생길 수 있습니다.

하지만 가상화폐에 대한 지식이 보편화되고 나면 각각의 코인 가격은 서로 연관성이 전혀 없을 것입니다. 경제 상황을 반영하지 않고 기타 외부 변수도 작용하지 않는다면 단지 그 코인의 유용성이 높아 사용자가 많아지면서 가격이 올라가는 것뿐입니다.

Question 033

가상화폐를 개발한 회사가
부도가 나면 어떻게 되나요?

Answer

대단히 어려운 질문이지만 또한 알고 나면 아주 간단하

게 답을 할 수가 있습니다. 지금까지의 패러다임으로는 설명하기 대단히 어려운 질문입니다.

어떤 회사의 주식도 회사가 부도나면 휴지 조각에 불과하다는 지식을 우리는 정확하게 알고 있습니다. 그래서 어떤 코인을 개발한 회사가 부도가 나면 그 코인은 주식과 같이 흔적도 없이 사라지는 것으로 생각할 수 있습니다. 이것이 화폐와 상품(주식)과의 근본적인 차이입니다. 화폐의 정의는 신뢰하는 숫자인데 가상화폐의 신뢰 기반이 블록체인입니다. 누가 개발했는지는 신뢰의 기반이 아닙니다. 지폐는 한국은행이 발행해야 신뢰를 받아 화폐가 될 수 있고 상품권은 유명 회사가 발행해야 가치를 인정받을 수 있으나, 가상화폐는 블록체인이 신뢰의 근거를 제시하고 있습니다.

비트코인을 개발한 사토시 나카모토는 실제 이름이 아닌 가명이고 아직도 그가 누구인지 모릅니다. 부도라는 것은 주인이 없어지는 것을 의미하는데, 비트코인은 태생부터 부도가 난 상태로 시작했지만 지금은 어떤가요? 바로 이것이 화폐와 상품(주식)의 차이입니다.

블록체인으로 개발되어 있고 유용성만 높다면 개발회사가 부도가 나더라도 아무 상관이 없습니다.

Question 034

현재까지 세계적으로

가장 잘 알려진 가상화폐는?

 nswer

당연히 비트코인입니다. 이유는 간단합니다. 가상화폐의

효시이고 아직도 보급 초기 단계이기 때문입니다.

그 뒤를 이어 이더리움과 리플코인입니다. 이더리움은 개발자가 워낙 유명한 IT 천재이고 개발자가 많은 이슈를 만들어 내고 있어서 유명합니다. 리플코인은 구글벤처스가 투자하고 중앙관리형이며 1,000억 개의 수량으로 기존 코인들과 운영방향을 달리하고 있습니다.

마지막으로 2년 만에 300만 명의 채굴자를 모은 원코인이 잠자는 용입니다. 일반 회원 수까지 하면 1,500만 명이 넘어갑니다. 향후 큰 폭발력을 가진 코인이라고 할 수 있습니다.

결국 코인의 가치는 유용성을 바탕으로 사용자가 가장 많은 코인이 최후 승자가 될 것이 분명합니다. 우리 독자들은 지금까지 유명한 코인이 무엇인가에 집중하지 말고 가상화폐의 유용성이 무엇이며 어떤 코인이 거기에 해당하는지 깊이 있는 성찰을 해야 합니다. 그러면 타이밍을 포착할 수 있습니다.

비트코인의

단점은 무엇인가요?

 nswer

1. 대중의 수용도

많은 사람들이 아직 비트코인에 대해 정확히 잘 모릅니

다. 매일 더 많은 사업들이 비트코인을 받아들이고 있으나, 아직은 그 수가 적고 비트코인이 네트워크 효과를 보려면 아직 성장이 필요합니다.

2. 가치변동성

현재 유통되고 있는 비트코인의 시가총액과 비트코인을 사용하는 사업의 수가 아직 가능한 정도에 비해 많이 적습니다. 그렇기 때문에 비교적 작은 이벤트, 거래, 또는 사업 활동들이 비트코인 가격에 큰 영향을 끼칩니다. 이론적으로는 비트코인 기술과 시장이 성숙함에 따라 가격의 변동성이 줄어들어야 합니다. 그렇지만 세계는 이런 창업적인 화폐를 아직 본 적이 없습니다. 비트코인이 어떻게 될지는 두고 봐야 할 것입니다.

3. 진행 중인 개발

비트코인 소프트웨어는 아직 베타 버전이며 많은 미완성의 기능들이 활발한 개발 중에 있습니다. 더 안전하고 대중들이 쉽게 접근할 수 있는 비트코인을 만들기 위해 새로운 툴, 기능, 서비스가 개발 중에 있습니다. 이 중 일부는 아직 모든 사람이 사용하기에는 이릅니다. 대부분의 비트코인 사업은 최근에 생겼으며 아직 어떠한 보험도 제공하지 않습니다. 전반적으로, 비트코인은 아직도 성숙하는 과정에 있습니다.

Question 036

국내에서 개발된
가상화폐도 있나요?

nswer

가장 먼저 개발되어 ICO를 실행한 보스코인입니다. 블록

체인 OS라는 한국회사에서 2017년 5월에 프리세일을 실시

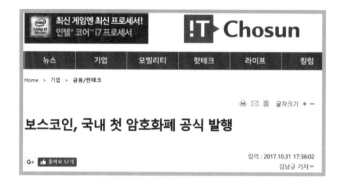

보스코인, 국내 첫 암호화폐 공식 발행

입력 : 2017.10.31 17:36:02
김남규 기자

하여 157억 원을 투자받아 성공적인 시작을 알렸습니다.

그리고 현대 B&S와 더블체인이 공동개발한 현대DAC코인이 두 번째 한국형 코인입니다.

대기업의 이름을 달고 탄생한 코인으로 세간의 이목을 집중시키기에는 충분했습니다.

필자도 프리세일 하는 지인을 만나 여러 얘기를 들어 그 미래에 대해 생각을 많이 해 보았습니다. 현대 계열사들 사이에서 사용할 수 있는 기반이 있기에 향후 발전 가능성이 많다고 했습니다.

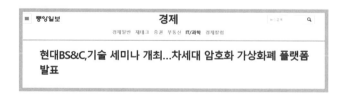

중앙일보 경제

경제일반 재테크 증권 부동산 IT/과학 경제칼럼

현대BS&C,기술 세미나 개최...차세대 암호화 가상화폐 플랫폼 발표

가상화폐라는 것은 전 세계 각 나라에 사용자들이 골고루 분포되어 있어야 코인의 유동성을 확보하는 데 큰 동력을 얻을 것입니다. 국내에만 국한된 코인은 그만큼 발전이 더딜 것입니다. 외국에서도 마음대로 사용할 수 있는 코인을 사람들은 선호할 것입니다.

게임방에서도 사용하고 식당에서도 사용하고 은행에서도 사용하고 호텔에서도 사용하고 자동차도 살 수 있는 코인이 있다면 굳이 복잡하게 어떤 특화된 코인을 사용할까요? 사용자들은 범용성 있는 코인을 선호할 것이 불을 보듯 뻔합니다.

그 외에는 국내에서 아직 이렇다 할 코인다운 코인을 알지 못합니다.

Question 037

앞으로도 계속
더 좋은 가상화폐가
나올 가능성은 있나요?

Answer

그건 당연합니다. 인간의 기술이란 끊임없이 진보하고
개선하는 경향이 있는 살아있는 생물과 같기 때문입니다.

그런데 더 좋은 코인이라는 개념을 정확하게 정의해야 합니다. 비트코인이나 이더리움은 거의 같습니다. 그래서 필자는 비트코인류라 부릅니다. 대시코인이나 라이트코인 모두 같은 계열입니다.

조금의 개선을 가져온 것은 첫 번째 나온 것을 절대 이길 수 없습니다. 스마트폰이 모토롤라를 이긴 이유는 종이 다르기 때문입니다. 구글이 야후를 이긴 이유는 검색엔진의 종의 차원을 달리하기 때문입니다.

이것은 상품의 이야기입니다. 상품은 대체성이 높아 두 가지를 동시에 사용하지 않습니다. 굳이 하나만 쓰면 되지 귀찮게 두 가지를 모두 사용하지 않는다는 뜻입니다.

가상화폐는 일정 기준 이상만 되면 지불수단이기 때문에 중복 수요를 가집니다. 이미 보급된 가치가 있는 코인을 버릴 이유가 전혀 없습니다. 상거래의 매개수단으로 사용되기만 하면 그만이기 때문입니다.

그럼 일정 기준 이상이라는 것은 무엇을 말할까요? 필자가 생각하기에는 거래 처리 속도가 신용카드 수준 이상이어야 하고 수량이 1천억 개 이상이며, KYC를 장착하고 가치의 안정성이 있고, 진 세계 150개국 이상에 골고루 퍼져 있는 유저를 가지고 있는 코인이라고 기준을 제시할 수 있 겠습니다.

이보다 더 좋은 코인이 나오더라도 기준점을 통과한 코 인과 새로운 더 좋은 코인이 함께 존재하며 같이 사용되어 질 것입니다. 그런데 더 좋다는 것은 이런 일정 기준 이상 을 새로운 차원으로 변경한 코인이라야 한다는 것입니다. 비슷하면 앞의 것을 절대 이길 수 없습니다.

Question 038

가상화폐 채굴 투자자를
모집하는 글은 사기인가요?

nswer

채굴투자를 모집하는 행위는 몇 가지가 있을 수 있습니
다. 신생 코인이 채굴을 목적으로 투자자를 모집하는 행위

입니다. 대중매체에 광고를 내고 투자자를 모집하는 행위
와 네트워크 마케팅 기법을 도입한 투자자 모집 두 가지가
있습니다.

가상화폐를 알고 있는 사람은 지구상에 그리 많지 않습니
다. 한국 제일의 공대 컴퓨터공학과를 졸업한 사람도, 박사
학위를 가지고 있는 사람도 모두 가상화폐를 잘 알지 못합
니다. 그래서 대중매체에 실린 기사를 보고 그 코인의 유용
성을 검증하기란 대단히 어렵습니다. 그래서 자주 사기 코
인들에 많은 사람들이 이용당하고 있는 것이 현실입니다.

원코인은 교육 사업으로 가상화폐를 규정하고 네트워크
마케팅을 통해 금융교육용 패키지를 판매하고 있습니다.
그리고 등급별 교육수준을 정하고 무료로 제공되는 토큰을
채굴의 재료로 활용하여 개인들이 채굴을 직접 실행하면서
가상화폐가 자연스럽게 몸에 익혀지도록 하는 시스템을 갖
추고 있습니다.

마지막으로 사기 코인들이 채굴로 위장한 채굴투자자들을
모으는 행위가 있습니다. 이름도 거론하기 힘들 정도로 수많
은 사기꾼들이 활보하고 있습니다. 대부분 다단계 형식으로

투자자를 모집하는데 실체를 반드시 확인하여야 합니다.

사실 채굴을 통해 이익을 분배해 주겠다는 것은 100% 사기라고 해도 과언이 아닙니다. 시간이 지나면서 채굴 난이도가 올라가 수익이 발생하지 않을 수도 있습니다. 대부분 마이닝풀들이 초기에는 수익이 조금 발생하지만 채굴참여자들이 증가하고 더 좋은 채굴기가 투입되면서 수익이 발생하지 않는 것이 대부분입니다.

2016년 70만 명의 회원이 있던 해쉬오션이 부도를 냈고, 2017년 한국에서도 이더리움을 전문적으로 채굴하던 대형 채굴 공장인 이더리아도 1년 만에 문을 닫았습니다.

Question 039

내재적 가치가 없는 코인은
화폐가 될 수 없나요?

Answer

이 질문은 틀린 질문입니다. 지금까지 화폐로 사용되던

모든 것들은 내재적 가치가 거의 없는 것들입니다. 내재적 가치가 있던 화폐는 유일하게 물품화폐뿐이었습니다. 물론 물질로 이루어진 금속화폐는 금속의 속성만큼 내재적 가치가 있을 뿐입니다. 오만 원 권 지폐는 내재적 가치가 거의 없음에도 오만 원의 가치를 가지고 있습니다.

조개화폐, 금속화폐, 지폐 등 모두가 내재적 가치가 없지만 그 당시 최고의 기술로 화폐의 필요충분조건을 갖춘 최고의 물질이었기 때문에 화폐가 될 수 있었습니다.

가상화폐도 마찬가지입니다. 내재적 가치가 없지만 화폐로서 필요충분조건을 갖춘 것이 지구상에 존재하지 않습니다. 그래서 화폐가 될 수밖에 없습니다. 지구상에 모든 화폐들이 가상화폐로 변할 것이 분명합니다.

Question 040

공짜로 받은 코인은 안전한가요?

Answer

아주 흥미로운 질문입니다. 또한 답을 하기도 어렵구요.

일단 화폐가 되려면 전 세계 수많은 사람들이 사용해야 가치가 있게 됩니다. 일단 가상화폐가 화폐의 발전방향이라고 치고 바람직한 가상화폐를 개발해서 수많은 사람들에게 나누어 주고 돈으로 쓰라고 했을 때, 어떤 현상이 벌어질까요? 대단히 흥미로운 주제입니다.

만약 금덩이를 지금까지 공짜로 나누어 준 쇳덩이라면 지금의 재산적 가치가 있는 금 노릇을 할 수 있을까요? 공짜로 얻은 금을 주면서 밥을 한 끼 달라고 했을 때 식당 주인이 어떻게 반응을 할까요?

답은 불을 보듯 뻔합니다. 나도 공짜로 얻을 수 있는 것을 받고 대가로 가치 있는 재화나 용역을 제공할 리가 만무합니다. 2016년 10월경, 미국 로스차일드가에서 1경을 풀어 LCF코인을 만들어 세계에 공짜로 1인당 1만 개씩인가 준다면서 여권과 초본을 받으러 다니는 사람들을 본 적이 있습니다. 혹시나 하는 마음에 그들이 요구하는 서류를 넘겨주는 제 주위 지인들을 본 적이 있습니다.

필자는 그 지인들에게 이렇게 말했습니다. 세상에 그런 일은 생길 수가 없다고. 반드시 인간의 노동력이 들어가거나 대가를 지불함으로써 그것이 드디어 가치를 가지는 것입니다.

우리가 매일 필수불가결하게 소비하는 물과 공기는 재산적 가치를 가지지 못합니다. 공급이 무한하고 누구나 공짜로 얻을 수 있기 때문입니다. 물이나 공기도 공짜로 얻지 못하는 어떤 환경이 되면 재산적 가치를 가질 것이 분명합니다.

TIP

우리에게 다가올 미래
가상화폐의 세계 2

가상화폐의 인문적 고찰

가상화폐의 인문적 고찰이 필요한 시기가 도래한 것 같다. 이제는 피할 길이 없고 반드시 내일 우리 눈앞에 닥칠 현실이 되기 때문이다. 가상화폐 이야기가 먼 이웃나라 얘기도 남의 얘기도 아닌 바로 나 자신의 얘기이기 때문이다.

가상화폐로의 화폐 변천이 반드시 일어날까?

그 이유는?

그 이후 예상되는 인간생활의 양태는 어떻게 변모될 것인가?

거기에 대한 나의 준비하는 자세는 무엇인가?

깊이 있게 살아있는 얘기로 답을 찾아야만 할 것 같은 절박함이 나에게 존재하는가?

내일의 모습이 그 어느 때보다 무섭다는 생각마저 든다.

가상화폐가 지금의 비트코인이나 이더리움에 머물러 있을 것인가?

아니면 금방 다른 양상으로 변할 것인가?

다른 양상으로 변한다면 그 모습은 어떻게 변할 것인가?

변해가는 모습을 미리 추적하여 나를 그 변화 흐름에 놓을 수는 없는가?

이런 문제에 대한 진지한 고찰을 한번쯤 해볼 필요가 있다.

가상화폐 세상, 아는 것만큼 보인다

가상화폐 세상, 아는 것이 돈이다. 소위 한국의 지식인이라고 할 수 있는 사설 경제연구소 연구원장 출신조차 걸음마 수준의 인식을 보이고 있는 가상화폐 세상이 정말 신세계인 것은 확실 한 것 같다. 향후 100년을 얘기하며 신중함을 보이는 자세가 마치 학자로서 학문의 깊이에 대한 신중한 통찰을 하는 것처럼 보이나 가상화폐는 현실이지 학문이 아니다.

일본에서 가상화폐가 자유로이 쓰이는 것을 보면 알 수 있지 않을까? 금방 가상화폐 세상이 온다는 것을~~~

단점이 무엇이고 개선점이 무엇인지 그것을 해결하면 돈으로 가상화폐를 이길 것은 현재까지 세상에 존재하지 않는다.

돈 그 자체에 대한 깊이 있는 통찰을 하지 못한 기존 학자들의 학문연구 행태를 짐작해 볼 수 있다.

돈 앞에 겁부터 먹지마라. 그러면 세상이 보일 것이다.

가상화폐인 디지털 화폐(암호화폐)에 대한 착각

가상화폐인 디지털화폐의 대명사이며 시초인 비트코인이 무엇인가에 대한 이해부터 시작되어야 올바른 이해를 하는 데 도움이 될 것 같다.

가상화폐인 디지털화폐의 시초인 비트코인이 현재 일반 시중에서 화폐로서 유통되고 있는 이유는 거래 당사들이 가치를 인정하고 있기 때문이다. 가치를 인정하는 이유는 복제가 불가능하고 화폐로서 유통되는데 여러 가지 편리한 면이 많기 때문이다.

비트코인이 화폐로서 인정받는 이유는 시장 참가자들이 평등한 권리로 채굴하는 노력을 해서 획득한 것에 대한 동의가 있다.

현재 국정화폐처럼 임의로 발행하거나 인터넷상에서 쉽게 발행하는 코인이라면 기준점으로 인정하기가 불가능하다. 일반 사람들은 오랜 기간 국정화폐에 대한 깊은 신뢰가 있고, 고정관념이 생겨서 가상화폐인 디지털화폐에 대하여 불신이 깊을 수밖에 없다. 누구나 쉽게 만들어 낼 수 있을 것으로 생각하고 눈에 보이지 않기 때문에 일반 화폐처럼 인정하기가 대단히 어렵다.

조금 나이가 있는 사람들은 인터넷상에서 가상화폐인 디지털화폐 거래를 위하여 계정을 만들고 하는 번거로움이 많아서 사용하기 대단히 불편하다.

국정화폐를 사용하는 데 별로 불편함이 없고 육안으로 보이는 것이 마음 편하기 때문에 쉽게 가상화폐를 받아들이기 어렵다. 가상화폐인 디지털화폐가 빠른 시간에 일반적으로 유통되는 화폐로서 받아들여지려면 현재 사용되고 있는 관습대로 사용할 수 있게 이용의 편리성과 화폐유통량을 늘려야 할 것으로 판단된다.

CHAPTER 3

가상화폐를
거래하려면
어떻게 하나요?

Question 041

반드시 가상화폐 거래소를
통해야 하나요?

Answer

현재 눈앞에 보이는 현상을 보면 가상화폐는 반드시 거

래소가 있어야 될 것 같습니다. 가상화폐와 기존 지폐와의 근본적 차이는 제3자 신용기관인 은행 없이 인터넷을 통해 P2P로 가치를 교환할 수 있다는 것입니다. 그래서 구글페이나 삼성페이가 가상화폐와 다른 것입니다.

지금의 거래소는 초창기의 목적에서 많이 벗어나 있습니다. 시세차익을 노리는 단기매매 위주의 투기 도박장입니다. 거래소는 자국의 화폐로 환전하는 기능과 해외송금기능을 중심으로 발전하여 왔습니다.

거래소가 없어도 P2P에 의해 상거래 매매 기능을 수행하는 바람직한 가상화폐는 화폐로서의 기능을 합니다. 가치가 불안정하여 상거래에 사용되지 못하는 가상화폐는 거래소가 없으면 하루아침에 가치가 사라질 수 있습니다.

요즘 가상화폐의 광풍이라고 할 만큼 사회적으로 많은 폐해가 발생하고 있어, 금융규제당국에서 어떤 방법으로든지 규제를 가할 것 같습니다. 이미 중국은 거래소의 기능을 정지시키고 출금을 금지시켰습니다.

결론은 바람직한 가상화폐는 거래소가 없어도 전혀 문제가 없습니다. 상거래에 활발하게 사용되면 은행과 같은 환전 기능을 하는 곳이 자연스럽게 생길 것이 분명합니다.

Question 042

빗썸, 코인원, 코빗 중
어느 가상화폐 거래소가
가장 좋은가요?

Answer

세 개의 거래소 모두가 한국을 대표하는 초창기 거래소

입니다. 어느 곳이 좋고 안 좋고를 따질 수는 없습니다. 회사 설립 순으로는 코빗, 코인원, 빗썸이며 하루 거래량 기준으로 빗썸, 코인원, 코빗이라고 합니다. 세 곳 모두 취급하는 코인의 종류가 비슷하며 마케팅 방법도 비슷한 것으로 볼 수 있습니다.

요즘에는 대기업들이 속속 거래소를 오픈하고 있고 다양한 서비스를 내놓고 있습니다. 거래소를 통해 코인을 거래하고 싶은 사람들은 여러 곳에 전자지갑을 개설해 놓고 위험을 분산시켜 놓는 것이 가장 안전한 코인 보관 방법입니다.

Question 043

해외의 가상화폐 거래소에서 가입해 거래해도 괜찮은가요?

 nswer

전혀 문제없습니다. 요즘은 한국어를 지원하는 해외 거

래소도 있는 것으로 압니다. 작년 초만 하더라도 폴로닉스나 중국의 거래소들이 압도적으로 많았는데 이제는 한국 거래소가 세계에서 최대 거래량을 나타낼 정도로 국제화되었습니다. 때문에 굳이 해외 거래소를 통해서 거래하지 않아도 되는 시대로 접어들었습니다.

한국의 대기업들이 거래소 사업에 뛰어들면서 100개 이상의 코인을 취급하겠다는 거래소도 나타나고 있어 한국 거래소가 세계 가상화폐 거래소의 중심으로 이동하고 있는 것 같습니다.

가상화폐의 특성상 코인을 인출하는 것은 간단하나, 해외 거래소에 대금을 송금하는 것이 쉽지 않은 점만 빼면 아무 문제없습니다.

Question 044

처음 거래소에 상장한
가상화폐는 무조건 오르나요?

Answer

대부분의 코인들이 처음에 거래소에 등록되어 거래가 개
시되면 반짝하고 올라가는 경향을 보이고 있습니다.

174

코인 개발자들이나 거래소 측에서 작전을 걸어 분위기를 띄우기도 하고, 유망한 유용성이 있는 코인이라면 대부분 올라간다고 보아야 하는 것이 맞을 것입니다.

하지만 현재 거래소에 등록되는 코인들은 비트코인류라서 미래를 장담하기 정말 어려운 코인들이 대부분입니다. 개발자 입장에서야 자기 코인이 최고라고 주장하지만 객관적 입장에서 보면 도토리 키재기입니다.

간혹 한국 거래소가 외국의 코인들을 들여와 거래를 개시하면서 가격이 많이 올라가는 것을 볼 수 있습니다. 그러다 거품이 빠지면서 투자자들이 손실을 입는 것을 여러 번 목격하였습니다.

국내 유명 대기업이
만든 코인이라는데
투자해도 좋을까요?

Answer

국내 유명 대기업의 이름을 달고 나온 코인도 있고 앞으
로도 있을 수 있습니다. 코인은 상품이 아니고 화폐라는 것

에 집중할 필요가 있습니다.

화폐는 어느 한정된 장소나 나라에서만 사용되어서는 가치를 인정받기 대단히 어렵습니다. 어느 장소 어느 나라를 막론하고 달러처럼 쓰일 수 있어야 바람직한 가상화폐입니다. 바람직한 가상화폐의 필요충분조건을 완벽하게 갖춘 코인이라도 전 세계 각 나라에 골고루 유저를 확보하는 강력한 마케팅이 없다면 쉽지 않은 길을 가야만 합니다.

마찬가지로 대기업의 이름을 달고 나온 코인이라도 일단은 유용성이 있어야 하며, 한정된 공간이 아닌 전 세계 각 나라에 골고루 퍼지게 만들어야 코인으로서 가치를 인정받을 수 있습니다.

단순히 대기업의 이름을 달고 나온다면 그보다 더 큰 대기업의 이름을 달고 나오는 코인 앞에서는 어떻게 될까요? 만약 구글코인이나 애플코인이 나온다면 어떻게 될까요?

Question 046

가상화폐 채굴 소스가
반드시 공개되어야 하나요?

Answer

　　가상화폐의 효시인 비트코인의 채굴 및 개발 소스는 오
픈되었습니다. 그 이후 나온 비트코인류들은 이 소스를 조금씩 개선하여 알트코인을 개발해 왔습니다. 채굴소스는 블록체인을 기반으로 만들어진 컴퓨터 프로그램입니다.

대부분의 알트코인들은 채굴소스를 오픈했습니다. 오픈하지 않으면 채굴이 진행될 수 있는 방법이 없기 때문입니다.

그러나 2015년 1월 공개채굴을 선언한 원코인은 채굴소스를 오픈하지 않았습니다. 원코인 본사가 마이닝풀을 차려 놓고 교육용 패키지에 딸려 나온 토큰을 바탕으로 채굴을 대행해 주는 방법으로 채굴을 진행하고 있습니다.

채굴소스의 공개여부는 개발자의 필요에 의해 결정할 사안입니다. 소스를 공개하지 않는 것이 회사의 전략에 맞다면 굳이 공개하지 않아도 됩니다. 다만 채굴 진행의 투명성이 확보되는 대안을 찾으면 됩니다.

가령 신용 있는 외부 감사기관에 채굴이 블록체인 내에서만 일어나고 모든 코인은 블록체인에 거래의 연속성을 유지하면 기록되고 있다는 것만 검증받으면 됩니다. 오히려 이것이 일반 보통사람들에게 더 신뢰를 줄 수 있는 방법일 수 있습니다.

Question 047

중앙관리형 가상화폐는
문제가 있나요?

Answer

현재 비트코인의 문제 중에서 가치의 불안정성이 가장

중요한 문제입니다. 분산형인 비트코인의 특성상 시장에서 코인 수급에 따라 코인 가격이 결정되는 구조를 갖고 있습니다. 이것은 필연적으로 가치의 급등락 현상을 가져오고 따라서 상거래에 사용할 수 없는 화폐로서 기능을 잃어버릴 것입니다. 이 문제를 해결하기 위해서는 분산형의 장점과 중앙집권형의 장점을 적절하게 조합한 중앙관리형의 가상화폐가 반드시 필요합니다. 향후 바람직한 코인들도 중앙관리형의 형태로 시장에 나올 것이 분명합니다.

이미 일본 두 은행이 중앙관리형의 코인을 개발하였으며 리플코인도 중앙관리형이나 가격을 시장의 수급에 의해 결정되고 있습니다. 중앙관리형의 코인은 중앙관리자가 임의적인 조작을 실행하면 어떨 것인가라는 의구심을 가질 수밖에 없습니다. 가격의 결정이라든가 화폐의 수량이라든가 말입니다. 중앙집권형인 현재 화폐 시스템에서 미국 중앙은행이 달러를 남모르게 찍어서 남발하는 것은 자국에 이익이 되기 때문에 자기 마음대로 화폐를 발행하는 것입니다.

반대로 중앙관리형 가상화폐의 중앙관리자가 코인의 개수를 늘린다든가 아니면 코인의 가격을 조작하는 것으로 인해 얻는 실익이 존재할 수 없습니다.

Question 048

미국 같은 강대국에 의해
가상화폐가 실패한다면?

Answer

가상화폐는 민간인 개인이 발행하고 중앙집권적인 관리

기구 없이 P2P의 방법으로 인터넷을 통해서만 유통이 되는 화폐의 형태를 가지고 있습니다. 이미 전 세계에 배포된 금을 미국만이 가지겠다고 힘으로 밀어붙일 수 있을까요? 그것은 현실적으로 불가능한 것입니다.

현재 달러가 국제 기축통화로서 역할을 하는 것은 미국이 강대국이기 때문이 아닙니다. 가장 견고한 경제력을 바탕으로 화폐적 가치가 안정되어 있기 때문입니다. 그래서 전 세계인들이 받아들인 것뿐입니다. 미국이 힘으로 달러를 강제해서 기축통화가 된 것이 아닙니다.

미국 중앙정부가 가상화폐를 발행한다고 해도 그것을 지구촌 곳곳에 골고루 분산시켜서 유동성을 가지게 하려면 많은 시간이 흘러야 합니다. 물론 개인이 개발하여 보급하는 것보다 시간이 단축될 수 있겠지만 국가공권력 특성이 사적 영역에 잘 부합되지 않습니다.

미국의 달러도 이제는 세계 기축통화로서의 지위를 가상화폐에게 내주어야 할 처지에 와 있는 것입니다. 가장 안전하고 가장 빠르고 가장 싼 비용이 드는 가상화폐 지불시스템을 받아들일 수밖에 없기 때문입니다.

가상화폐 거래소에서 취급하는
코인만 인정되나요?

Answer

화폐라는 것은 거래 참가자들이 합의한 숫자입니다. 가상

화폐라는 것은 제3자 신용기관 없이 인터넷상에서 P2P의

방법으로 개인 간에 결제가 처리되는 미래지불수단입니다.

거래소에 등록된 코인은 사용자들의 편의성을 조금 높인 것에 불과한 것뿐입니다. 거래소에 등록되어 거래되지 않고도 거래가 이루어지는 데 불편함이 없다면 그 코인을 합의한 사람들끼리 아무 문제가 없습니다. 코인별 자체 거래소를 가지고 있는 경우도 있습니다.

화폐는 굳이 거래소가 필요 없습니다. 상거래 매개기능, 송금기능, 저축기능과 투자의 대상으로서 기능을 하는데 굳이 거래소가 필요가 없습니다. 상거래 매개기능이 없는 코인들은 거래소가 있어야 투기 도박의 시세차익을 노리는 거래가 가능합니다.

지금 우리 눈앞에 보이는 모든 코인들은 상거래 기능이 거의 불가능하고 단지 거래소에서 투기의 수단일 뿐입니다. 그래서 세간에서는 거래소에 등록되지 않은 가상화폐는 문제가 있다고 지적하는 것을 왕왕 봅니다. 달러의 거래소가 존재하지 않습니다. 단지 은행은 환전소에 불과합니다. 시세차익을 노리고 투기를 하는 거래소는 존재하지 않습니다.

거래소마다 지갑을 따로
만들어야 하는지, 또 가상화폐
거래소가 문 닫으면 내 코인은
어떻게 되나요?

Answer

맞습니다. 거래소의 전자지갑에 내 코인을 이전시켜 놓아
야 매매를 할 수 있습니다. 보통 무료 회원으로 가입할 수

있으며 자동으로 전자지갑이 생성됩니다. 동시에 스마트폰 전자지갑까지 생성을 지원해 주고 있어 대단히 편리합니다.

다만 거래소의 부주의나 기타의 원인으로 해킹에 주의해야 하고 아주 간혹 거래소의 도덕적 해이로 재산을 잃는 것을 종종 볼 수 있습니다.

가상화폐 거래소가 문을 닫기 전에 내 개인 지갑으로 코인을 이동시켜서 보관하면 그만입니다. 단지 한국 거래소가 전체적으로 문을 닫으면 가상화폐의 가격이 폭락할 수 있어 손실을 볼 위험이 있습니다.

그래서 법으로 하루 빨리 규제기준을 만들어야 합니다. 그 기준은 위에서 간단히 설명하였듯이 보험과 예치금을 받아 놓는 것입니다.

Question 051

거래소의
운영시간은 어떤가요?

Answer

전 세계인들을 상대로 거래를 하다 보면 24시간 운영을

안 할 수가 없고, 모두 디지털 신호로 이루어지고 있기 때

문에 컴퓨터 자동체결 시스템을 가동하고 있어 24시간 거래가 이루어지고 있습니다. 다만 현금으로 입출금을 할 때 제한을 받는 경우가 종종 있습니다.

지갑주소를 열기 전에 회사의 홈페이지에서 이와 관련된 내용을 꼼꼼히 살펴보아야 합니다. 입출금은 거래체결 후 보통 72시간이 지나서 가능하도록 에스크로 기간을 정해 두고 있습니다.

Question 052

국내 거래소와 해외 거래소의
차이점은 무엇인가요?

 nswer

이제는 국내 거래소가 세계에서 거래량 1등을 할 정도로

급성장하였고 외국인들도 한국 거래소에서 많은 거래를 하

고 있습니다. 한국 거래소도 영어로 서비스를 지원하기 때문에 외국인들이 한국 거래소를 이용하는 데 큰 불편이 없는 것으로 압니다.

한국 사람들도 외국에 있는 거래소를 통해 거래를 많이 하고 있습니다. 인터넷을 통해 P2P로 거래가 발생하고 실시간으로 10분 이내에 코인이 송금되기 때문에 국내외를 구분할 실익이 없습니다.

현재 은행시스템은 외국은행에 계정을 개설하려면 하늘의 별따기입니다. 필자도 외국은행에 통장을 개설할 줄도 모르고 개설할 필요성도 느끼지 못합니다. 하지만 가상화폐의 지갑은 외국의 건실한 거래소에 한두 개 정도 지갑을 가지고 있습니다.

Question 053

거래소마다 환율이
차등 적용되나요?

Answer

같은 코인이라도 거래소마다 국가마다 가격 차이가 납니

다. 많게는 20%까지 나는 경우도 있습니다. 물론 한국 내

거래소 간에는 차이가 많지 않지만 그래도 의미 있는 차이가 날 때가 종종 발생합니다.

거래소에서 코인의 수급에 의해 가격이 결정된다고 하는데, 그 객관성을 입증하기 대단히 어렵습니다. 도저히 납득할 수 없는 이유로 급등하고 급락을 할 때가 자주 발생하기 때문입니다.

국가마다 거래소마다 가격차이가 발생하면 화폐의 송금기능이 훼손되어 더 이상 화폐가 아니고 그냥 투기 수단의 코인으로 전락합니다. 지금 가상화폐라고 해서 거래소에서 거래되는 모든 코인들이 투기의 수단으로 이미 전락했습니다.

uestion 054

가상화폐 거래소의 안정성은
어떻게 유지되는 건가요?

Answer

　　거래소의 안전성을 크게 두 가지로 분류해서 보겠습니

다. 하나는 도산이나 거래소의 도덕적 문제로 인한 소비자의 피해 측면이고, 다른 하나는 해킹의 방어수준의 안전성입니다.

전자의 안전성을 확보하는 방법은 규제법을 만들어 소비자 보호를 위한 보험가입과 예탁금을 거치하게 하고, 일정한 기간을 두어 엄격한 외부감사를 받도록 하여 건전한 금융기관으로 성장할 수 있게 유도해야 합니다.

후자도 법 규정을 두어 은행에 준하는 보안기준을 설정하고 그 실행여부를 수시로 감사하여 해킹에 대비해야 합니다.

한국의 대부분 거래소들이 해킹사건에 연루되었지만 어느 곳 하나 소비자들을 보호하고자 먼저 나서는 거래소를 보지 못했습니다.

Question 055

가상화폐는
익명성이 보장되나요?

Answer

원래 가상화폐의 특징 중 하나가 투명성입니다. 현재 지

폐시스템에서는 현금이 익명성이 보장되어 각종 불법거래

에 현금이 사용됩니다. 세금 탈루 거래나 자금세탁에 현금이 주로 이용됩니다.

가상화폐는 블록체인에 모든 거래가 기록되고 거래내역 추적이 정확하게 되어 익명성이 절대 보장되지 않습니다. 다만 현재 나와 있는 가상화폐는 KYC를 실행하고 있지 않고 전자지갑의 발행 시 누구나 할 수 있게 만들어져서 단지 추적하기 어려운 것뿐입니다.

KYC 인증만 엄격하게 시행하면 익명성이 절대 보장되지 않습니다. 하지만 개인의 프라이버시는 철저하게 지켜집니다. 오히려 현재 금융실명제보다 개인의 프라이버시 보호는 훨씬 더 강합니다. 단지 불법 거래 시 익명성이 보장되지 않는다는 뜻입니다.

현재 세계 금융당국의 움직임을 보면 익명성의 코인들에 대해서는 강력한 규제를 시행하여 익명성 코인을 사용하기가 대단히 불편해질 것 같습니다. 익명성을 주장하는 코인들은 또 그 코인을 선호하는 사람들에 의해 사용될 것이기 때문에 쉽게 시장에서 사라지지 않겠지만 사용자들이 줄어들어 가치가 많이 하락할 것으로 예상됩니다.

uestion 056

가상화폐는 타인에게
송금도 가능한가요?

Answer

대단히 간단하며 시간도 거의 걸리지 않고 송금료도 대

단히 저렴합니다. 이것이 기존 지폐에 비해 눈에 띄는 차이

점입니다.

현재 지폐를 한국에서 아프리카로 송금하려면 은행에 가서 달러나 유로화로 환전하여 국제 송금을 합니다. 아프리카에 1,000만 원을 2016년 여름에 보낸 적이 있는데 송금 수수료가 120만 원이 들었고, 상대방이 한 달 만에 받았다는 연락이 왔습니다. 그 사이에 가슴 쓸어내린 것 생각하면 지금도 등골이 오싹합니다.

비트코인을 이용한 외화 송금 거래

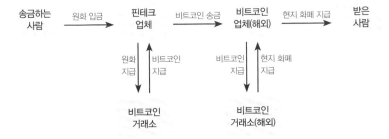

가상화폐의 송금을 예로 들어 설명해 보겠습니다. 한국에서 비트코인 하나에 1,000만 원이고, 받는 아프리카에서도 1,000만 원이라 가정하겠습니다. 송금 받는 아프리카로부터 비트코인 지갑주소를 받고 한국 거래소에서 비트코인을 사서 상대방의 전자지갑 주소로 코인 한 개를 전송합

니다. 그러면 아프리카에 있는 수령인은 해당 지역에 있는 거래소나 지인에게 비트코인을 팔아 본인이 원하는 돈으로 환전하면 간단하게 10분 만에 송금이 됩니다.

위 그림에서 핀테크 업체가 비트코인 거래소와 동일한 것이 훨씬 더 간편할 것입니다.

물론 현실적으로는 송금이 만만하지 않습니다. 우선 다른 나라보다 한국 비트코인이 비싸서 송금인이 손해를 많이 봅니다.

요즘은 비트코인 사용자들이 많아져 해외 송금 시 시간이 많이 걸려서 잘못 전송될까 불안해서 보내기 힘듭니다. 금융실명제가 아니라서 다른 주소로 잘못 전송되면 되돌릴 방법이 없습니다. 그래서 어쩔 수 없이 아직도 달러나 유로화를 사서 비싼 수수료를 내면서 해외로 송금합니다.

향후 바람직한 코인이 나오면 아마도 해외 송금은 모두 그 코인이 담당하게 될 것입니다.

Question 057

가상화폐는
보안이 안전한가요?

 nswer

블록체인의 특성상 지구상에서 가장 안전한 지불시스템
이 가상화폐입니다. 플랫폼 자체가 해킹이 안 되기 때문에

가장 강력한 보안을 가지고 있습니다.

현재 은행시스템은 모든 거래 자료를 중앙관리자의 서버에 보관하고 그 자료에 접근하는 사람이 정해져 있어서, 해커의 공격지점이 단일하고 서버 관리자의 도덕적 해이가 발생하면 돌이킬 수 없는 혼란에 빠지게 됩니다. 서버 시스템을 안전하게 유지하기 위해 막대한 비용을 들이게 됩니다. 데이터의 증가에 따라 서버 교체비용도 대단히 큽니다.

반면 가상화폐는 거래 장부를 분산 보관하여 해킹이 현실적으로 불가능하고 승인 시 어느 특정 개인의 집단 의사결정 시스템을 사용하기 때문에 개인의 일탈 행동으로부터 시스템이 안전합니다.

그런데 간혹 가상화폐 비트코인이나 이더리움이 해킹을 당했다고 하는 뉴스를 자주 접합니다. 그것은 비트코인류를 보관하는 개인 전자지갑의 비밀번호가 해킹당하여 도난을 당하는 것뿐입니다.

그것은 현재 은행시스템에서도 항상 있을 수 있는 일입니다. 하지만 KYC를 엄격히 시행하면 이런 현상마저도 없어지게 될 것입니다.

Question 058

'작전세력'에 당하지 않는
방법은 무엇인가요?

nswer

거래소에서 시세차익을 노리고 거래하는 당사자는 이런

질문이 우문이라는 것을 잘 알 것입니다. 누가 작전 세력에 당하고 싶어 당할까요? 열 사람이 도둑 한 사람 못 잡는다고 했습니다. 거대한 자본을 가진 자가 작전을 걸면 솔직히 우리 같이 보통사람들은 걸려들지 않을 수 없습니다. 그래도 작전세력에 당하지 않으려면,

첫째, 코인 수량이 1,000억 개 이상의 코인에 투자를 하는 것입니다.

둘째, 단기 매매에 치중하지 말고 중장기 목표를 가지고 투자하세요. 작전 세력은 짧게는 반나절 길게는 며칠에 지나지 못하기 때문입니다.

셋째, 목표 가격을 본인 스스로 정하고 단기매매에 투자하는 것입니다. 보통사람들은 단기 매매에 투자하지 않는 것이 상책입니다.

마지막으로 무슨 정보를 믿지 마십시오. 그 정보는 작전 세력이 뿌린 역정보일 가능성이 대단히 높습니다.

다시 한 번 강조하지만 가상화폐의 최고 투자전략은 바람직한 코인이라고 판단되는 것이 나타나면 한가한 돈 소액을 투자하여 장기전에 돌입하는 것입니다. 그러면 작전 세력에 당할 일이 없습니다.

Question 059

가상화폐 시장에도 이른바 '세력', '큰손'이 존재하나요?

Answer

비트코인이나 이더리움의 하드포크를 보면 분명히 큰손
들이 존재합니다. 어떤 사안에 큰손들의 합의가 필요한데 합의가 되지 않으면서 코인들이 두 진영으로 나뉘어 새로운 코인이 등장하게 되었습니다.

이것을 보면 큰손들이 분명히 있습니다. 보통 개발자 기술진과 채굴진들이 큰손에 해당한다고 할 수 있습니다.

이런 큰손들이 간혹 가상화폐 시세를 올리고 내리는 데 검은 마수를 뻗친다는 의혹이 간혹 일고 있습니다. 하지만 거래시세 조작에 직접 관여했다는 증거는 아직 나오지 않았습니다.

Question 060

내 전자지갑은
어떻게 만드나요?

Answer

아주 간단합니다. 시중의 코인 거래소에 회원으로 가입

하면 해당하는 코인의 지갑을 자동으로 생성해 줍니다.

그다음에 스마트폰 스토어에 들어가서 비트코인 등 본인이 원하는 코인이름을 입력하면 다양한 지갑을 설치하는 앱이 나올 것입니다. 원하는 앱을 하나 다운받아 설치하면 지갑이 생성됩니다. 아래 지갑은 필자의 비트코인 지갑주소인 mycelium이라는 스마트폰용 지갑인데, Bitmap이라는 외국 거래소 지갑의 이미지입니다.

blockchain.info 도메인에 들어가면 이메일로 간단하게 지갑주소를 만들 수 있습니다. 가장 많은 지갑주소를 발행한 도메인입니다. 아래 사진은 필자의 blockchain.info 의 비트코인 전자지갑 주소와 QR코드입니다.

bitcoin:1EwXTM3Lk6PSFiFSYREmT7gwYiN6pupTP

　　전차지갑의 종류로는 데스크톱용, 하드웨어용, 스마트폰
용, 웹용 네 가지가 있는데 3가지는 인터넷과 연결되어 코
인을 보관하는 지갑주소로 이루어졌습니다. 하드웨어용 지
갑은 인터넷과 분리되어 별도 코인을 보관하여 해킹으로부
터 코인을 보호할 수 있는 장점이 있습니다. 아래 보이는
것이 하드웨어 지갑의 일종입니다. 마치 USB 저장 장치의
일종과 같은 것으로 보면 되는데, 접근이 암호화되어 있는
것뿐입니다.

우리에게 다가올 미래
가상화폐의 세계 3

가상화폐의 공개키와 개인키

가상화폐는 공개키(public key)와 개인키(private key)로 구성되어 있다. 개인키는 암호로 작성된 서명을 통해 개인이 특정한 코인 지갑의 코인을 소비할 권리가 있음을 증명하는 비밀정보 조각이다.

소프트웨어 지갑을 사용한다면, 개인 키는 개인의 컴퓨터에 저장되어 있을 것이다. 웹 지갑을 사용한다면, 원격 서버에 저장되어 있을 것이다. 개인키는 개인의 코인 지갑의 코인들을 사용할 수 있도록 허가해주는 정보이기 때문에 절대 알려져서는 안 되는 정보이다.

보통 우리는 암호화하면 잠그는 키와 여는 키가 같은 방법(단일키 암호화)을 생각한다. 예를 들어, 나만 봐야 하는 문서에 암호를 걸어놓고 그 암호를 아는 나만 열수 있도록 한다. 이런 방식은 나 혼자 문서를 볼 때는 문제가 없으나 다른 사람과 문서를 공유해야 할 때 문제가 발생한다. 다른 사람에게 암호를 건 문서를 보내면 내 암호도 알려줘야 하고 다른 사람에게 알려진 암호는 더 이상 암호라 할 수 없다.

공개키 암호화는 이와는 다르게 키가 공개키(public key)와 개인키(private key)의 쌍으로 이루어져 있다. 이름이 말하듯이 공개키는 모든 사람에게 공개하는 것이고 개인키는 자신만이 간직하는 것이다. 공개키로 잠근 문서는 개인키로만 열수 있고, 개인키로 잠근 문서는 공개키로만 열수 있다.

이더리움 개발 창시자
비탈릭 부테린의 오류

비탈릭 부테린은 2017년 9월 25일 서울 이더리움 밋업 세미나전 기자회견에서,

"가상화폐보다 법정화폐가 안정성이 높아서 회사원이 월급

을 받거나 시장에서 물건을 사는 등 전통적인 산업에서 가상화폐가 법정화폐를 완전히 대체하기는 어려울 것."이라며 "대신 사물인터넷이나 인터넷상에서 거래할 때 법정화폐를 보완하는 수단이 될 수 있을 것."이라고 설명했다.

비탈릭 부테린이 위와 같이 말한 이유는 단 하나다.

가상화폐는 큰 가격변동성이 법정화폐보다 크기 때문이다. 여기에서 부테린의 오류가 있다. 가상화폐는 무조건 가격 변동성이 클 수밖에 없는 태생적 구조를 가지고 있을 수밖에 없는 고정관념을 바탕으로 한 발언이다. 가상화폐의 가격을 법정화폐처럼 안정성을 유지할 수 있는 방안은 없을까?

가상화폐가 가격의 변동성이 큰 이유는 무엇일까?

가상화폐와 법정화폐의 본질적 차이는 무엇일까?

이런 질문에 궁극적인 답을 가지고 있지 못한 화폐에 대한 협소한 인식수준을 여지없이 보여준 23세의 청년을 보게 된다. 그리고 보완기능이 무엇인지에 대한 것도 밝히지 못했고 보완기능이 무엇인지도 정의하지 못했다. 또한 이것의 극복방안도 제시하지 못하고 있다.

부테린의 의견은 한마디로 정리하면 이더리움은 거래소에서나 시세차익을 노리는 투기꾼들의 대상이라고 선언한 것과 같다.

주식은 산업발전에 기여하는 기업에게 외부자금을 조달하는 정의효과가 있는 투기장이지만 가상화폐의 거래소는 단순 도박과 같은 투기장소 이외의 것은 전혀 없다. 거래소를 폐지하면 이더리움 거래는 개인간에 발생하기 대단히 어렵다. 시세차익을 노리고 거래를 하는 것이지 화폐적 가치를 보유하여 가치의 저장 수단으로 거래를 하고 있지 못하기 때문이다.

미국 정부도 가상화폐 발행 검토

미국 정부도 가상화폐 발행을 검토하는 실무단계에 진입하는 분위기다.

우루과이가 처음으로 정부차원의 가상화폐를 발행했고 중국. 러시아도 중앙은행이 가상화폐를 발행하겠다고 준비하고 있으며 일본은 시중은행이 그 역할을 대신하고 있는 분위기다.

미국 정부기 발행하는 가상화폐는 현재의 달러가 가상화폐의 형태로 바뀌는 것뿐이며 비트코인이나 원코인 같이 변동이 없는 가상화폐일 것이다.

설령 가상화폐를 발행한다고 해도 그 보급에 문제가 많을 것이며 사용시스템을 만드는 데 오랜 시간이 걸릴 수밖에 없다. 어찌되었든 가상화폐의 시계바늘은 속도를 점점 빨리하고 있음을 느끼며 비트코인이나 이더리움 등은 화폐가 아니고 도박에 쓰이는 코인으로 완전히 전락함을 확인하는 계기가 되고 있다.

가치의 안전성이 없는 코인은 절대 화폐가 될 수 없고 또한 익명성의 코인은 사회문제를 더욱 크게 야기할 뿐이다. 가상화폐의 미래가 어떤 모양으로 전개될지 그 구체적인 모양이 점점 잡혀가고 있다.

CHAPTER 4
가상화폐는 어떻게 획득하면 되나요?

Question 061

가상화폐는
누가 개발하나요?

 nswer

과거 물물교환 시대의 단순한 거래는 당사자 간 직접대면

방식으로 별도의 신뢰 비용이 발생하지 않았습니다. 그리

고 사회 경제구조가 급변하여 다양하고 복잡한 거래가 발생하면서 거래 참가자 간의 신뢰를 보장하기 위한 제3의 기관(TTP : Trusted Third Party)들이 생겨나게 됐습니다.

그러나 이들을 운영하기 위한 비용은 거래 참가자들이 부담해야 하며, 혹시라도 제3의 기관에 문제가 발생할 경우 모든 참여자들이 거래를 할 수 없게 되는 위험도 내재하고 있습니다.

이러한 비용 부담과 위험을 해결하기 위해 제3자 개입 없이 이해 당사자 간 거래를 신뢰할 수 있도록 만드는 기술이 블록체인이며 이를 바탕으로 개발된 화폐가 가상화폐입니다.

즉 쉽게 말하면 최초의 화폐는 사적 영역에서 시작했다가 공적 영역으로 갔다가 다시 원래대로 사적 영역으로 화폐가 되돌아오게 되는 순환을 보게 됩니다. 가상화폐는 누구나 개발할 수 있습니다. 그래서 가상화폐에 대한 투자는 더욱 위험이 클 수밖에 없습니다.

Question 062

'채굴한다'는 말의
정확한 의미가 무엇인가요?

Answer

사전적인 의미는 어떤 목표를 가지고 땅을 파서 그 목표

물을 지상으로 캐내는 활동을 말합니다. 주로 금광이나 탄

광에서 쓰는 용어입니다. 가상화폐 세계에서도 채굴이라는 용어를 그대로 사용하고 있습니다.

가상화폐의 채굴은 거래를 처리하고, 네트워크를 안전하게 보호하며, 시스템 내에 있는 모두의 일체 동기화를 유지하기 위해 컴퓨터의 연산능력을 사용하는 과정을 말합니다. 이는 각 가상화폐의 데이터 센터와 같이 이해할 수 있습니다.

다만 모든 국가에서 활동하는 채굴자들과 그 누구도 네트워크에 대한 지배권을 가지고 있지 않도록 하여 완전히 분권화되도록 설계되었다는 점을 제외하고 말입니다. 채굴은 각 가상화폐를 발행하는 일시적인 메커니즘이기도 합니다.

하지만 금 채굴과는 다르게 가상화폐의 채굴은 안전한 지불 네트워크를 운영하기 위해 필요한 유용한 서비스에 대한 대가로 보상을 제공합니다.

특히 비트코인의 채굴은 거래의 작업증명을 하기 위해 투입되는 자원에 대한 보상이기 때문에 2,100만 개의 비트코인이 채굴이 완료된 후에도 채굴 개념은 계속 있을 것입니다.

Question 063

채굴된 가상화폐는
누가 사용하나요?

Answer

채굴된 코인은 광부들의 전자지갑에 보관됩니다. 이 광
부들이 코인 시장에 코인의 공급자 역할을 합니다. 광부들이 가상화폐 발행자라고 보면 정확한 말입니다.

광부들이 없으면 가상화폐 시스템이 유지될 수가 없습니다. 광부들이 자원을 투입하여 가상화폐를 채굴해야 드디어 유동성이 확보되는 화폐가 되기 때문입니다.

어떤 코인이든 유동성이 강하려면 이 광부들이 전 세계에 골고루 분포되어 있어야 합니다. 어떤 대기업이 채굴을 독점하여도 그 코인은 절대로 가상화폐가 될 수 없습니다. 만약 어떤 대기업 몇이 금을 나누어 가지고 있다고 하면 절대 금 노릇을 하지 못할 것입니다.

Question 064

채굴기의 가격은 얼마이며
수명은 어느 정도인가요?

Answer

채굴기는 채굴활동을 하는 컴퓨터를 말합니다. 2016년

에는 대당 300만 원 전후였으나 GPU(그래픽카드)가 품귀

현상이 생기고 사양이 올라가면서 요즘에는 대당 700만 원까지 올라가기도 했다는데, 요즘은 통상 500만 원 전후이면 해쉬파워가 상급에 속하는 수준이라고 합니다.

채굴기는 복잡한 연산기능을 1초에 10억 이상 처리해야 하는 고성능의 컴퓨터라서 전력 소모가 많습니다. 당연히 발산하는 열이 높고 24시간 가동해야 하기 때문에 일반 PC에 비해 수명이 턱없이 짧습니다.

마이닝풀에서 투자회원들에게 1년의 무상보증기간을 제시하는 것을 보면 대충 수명을 1년 정도 보면 될 것 같습니다. 핵심 부품인 GPU(그래픽카드)가격이 비싸고 이것이 수명을 좌우합니다. 부품을 교체하면 수명은 좀 더 길어지기도 합니다.

채굴기 제조 분야는 부품의 조달 상황에 따라 변동이 상당히 심한 산업입니다. 개인이 직접 조립한 소형 채굴기부터 채굴전문 컴퓨터도 시판되고 있어 그 시장이 매우 치열한 경쟁시장이 되었습니다.

Question 065

채굴기를 대량으로 조립해서
채굴해도 괜찮을까요?

nswer

얼마 전 강원도 홍천에 대한민국 최대의 채굴 공장이 생겼

다는 뉴스를 본 적이 있습니다. 그 업체 대표가 매스컴과의

인터뷰에서 대단히 야심찬 계획을 밝힌 것을 보았습니다.

채굴은 경쟁시장입니다. 채굴기가 고사양이 나오고 만약 다른 사람이 나보다 더 많은 자원을 투입하여 컴퓨팅 파워를 높이면 나의 채굴 능력은 현격하게 떨어지게 됩니다. 컴퓨터 능력에 비례적으로 채굴량이 줄어드는 것이 아닙니다. 그래서 대단히 위험한 사업입니다.

목돈을 들여 푼돈을 버는 사업일 수 있습니다. 그리고 진입장벽이 낮은 산업이라 경쟁이 너무도 치열합니다.

Question 066

채굴에 투자하면
확정이익을 준다고 하는데
믿어도 될까요?

 nswer

이유 불문하고 확정이익을 준다고 하면 문제가 농후합니
다. 한국 법에서 유사수신은 불법으로 규정하고 있습니다.

채굴시장이 치열한 경쟁시장인데 어떻게 확정이이을 준다는 말일까요? 지금까지 확정이익을 준다고 실제 채굴공장을 차렸던 모든 업체가 문을 닫았습니다.

2017년 12월 사고가 난 유명 가수가 연루된 마이닝맥스라는 채굴공장도 결국은 도산하고 말았습니다. 확정된 이익을 준다고 처음부터 시작한 것은 단순 도산이 아니고 아예 금융 폰지 사기로 출발했다고 보아야 합니다. 채굴의 본질적 의미도 모르는 사업자가 어떻게 채굴사업을 할까요?

그리고 비트코인의 하루 채굴량이 정해져 있습니다. 아무리 최신형의 채굴기를 투입한다고 해도 정해진 비트코인의 채굴량을 분배해서 얻을 수밖에 없습니다.

그리고 가상화폐는 난이도라는 것이 있습니다. 난이도가 갑자기 예측하지 못하게 높이 올라가게 되면 채굴량은 급격히 줄어듭니다. 요즘에 채굴되는 조금 유명한 코인들 모두가 겪고 있는 문제입니다.

그런데 어떻게 채굴을 전제로 확정이익을 줄 수가 있을까요?

Question 067

가격이 가장 싼 가상화폐를
사는 것이 이익일까요?

 nswer

일반적으로는 그렇다고 할 수 있습니다. 바람직한 가상

화폐가 채굴을 시작한 초기에는 가격이 싼 것이 대부분이고 일정한 사용자 수 이상이 되었을 때 가격이 상승하기 시작하고 있는 것이 사실입니다.

비트코인도 2013년 약 30만 명 이상의 전자지갑이 열린 이후 가격이 상승하기 시작했고, 리플코인도 마찬가지입니다. 하지만 유용성이 없어서 가격이 낮은 코인들이 대부분입니다. 유용성이 없는 코인들은 가격 상승이 있을 수 없습니다.

라이트코인 같은 경우는 채굴 초기 '큰손'들이 대거 참여하여 가격이 폭등하였으나 일반인들에게 보급되기까지 시간이 오래 걸리는 바람에 가격이 폭락하여 2년 이상 가격이 형성되지 않기도 했습니다.

결국, 가격이 낮다고 무조건 상승할 것이라고 기대하는 것은 합리성이 떨어집니다. 가상화폐 그 자체의 유용성을 정확히 판단하여 매수를 결정하는 것이 가장 합리적인 의사결정이라고 할 수 있습니다.

Question 068

직접 채굴하는 것과
마이닝풀에 투자하는 것 중
어느 것이 이익일까요?

nswer

모두 장단점이 있습니다. 직접 채굴하는 것이 가장 안전

하기는 합니다. 하지만 전력이 많이 들어가는 채굴기를 집

에서 가동하기에는 경제성이 안 맞을 수 있습니다.

그리고 채굴기의 뜨거운 열기로 인해 화재의 위험이 상존하며 쿨링팬이 돌아가는 소음으로 인해 집에서 채굴하는 것이 여간 어려운 일이 아닙니다. 그렇다고 개인 사무실에서 채굴기를 가동하자고 해도 근무시간에 동일한 문제가 생기고 관리자가 없는 사이 화재의 위험도 있습니다.

게다가 해커들의 집중 공격대상이 개인들이 채굴하는 코인들입니다. 다양한 바이러스를 유포하여 채굴 즉시 해커들의 전자지갑으로 전송하는 일이 자주 발생하기도 합니다.

마이닝풀에 투자하는 것이 여러 모로 안전하기는 하나 도산의 우려가 대단히 높습니다. 시간이 지남에 따라 코인의 채굴 난이도가 올라가 마이닝풀의 생산성이 떨어지게 설계되어 있습니다. 또한 제대로 관리하지 못하는 마이닝풀도 개인 채굴자들과 마찬가지로 해커들의 공격대상이 되기도 합니다. 그래서 건전하고 안전한 마이닝풀인가를 정확하게 판단하고 투자를 해야 손실을 줄일 수 있습니다.

Question 069

알트코인은
무엇인가요?

Answer

비트코인의 블록체인을 이용하여 개발된 코인들을 통

틀어 알트코인이라고 이름을 붙였습니다. 영어의 어원은

Alternative(대체성)에서 Alt를 가져와 Altcoin(알트코인)이라고 발음합니다. 비트코인 개발자나 대형 채굴자들이 다른 코인들을 비하시켜 부른 용어가 일반화되었습니다.

마치 옛날 양반시대의 적자와 서자를 연상케 하는 용어일 뿐입니다. 기술적인 용어는 절대 아닙니다. 이더리움 사용자들은 이더리움이 다른 블록체인을 사용하고 있다고 하여 보통 알트코인이라고 하지 않습니다.

그러나 나무위키 백과사전에는 이더리움과 리플코인도 알트코인이라고 정의하고 있습니다. 필자도 화폐적 관점에서 보면 비트코인과 특별히 다른 것이 없고 같은 화폐적 속성을 가지고 있다고 판단하여 알트코인의 범주에 넣고 있습니다. 그래서 비트코인류의 코인이라고 부르고 있습니다.

원코인은 이전의 코인들과 화폐적 속성이나 블록체인의 성능 면에서 특성을 완벽하게 달리하고 있습니다. 중앙관리형의 코인으로 엄격한 KYC를 시행하며, 블록체인의 속도가 신용카드 속도 이상이며 실생활의 상거래에서 화폐로 통용되기 시작했습니다. 그리고 가격의 변동성이 없어 화폐로서의 조건을 잘 구비한 코인입니다.

uestion 070

각 코인마다
채굴 방식이 다른가요?

nswer

채굴 방식은 모든 코인이 같습니다. 단 채굴 형태가 다릅

니다. 채굴은 각 코인마다 프로그램되어 암호화된 알고리

즘을 채굴기로 풀어내는 연산 활동을 채굴이라고 할 수 있습니다. 코인별로 암호 알고리즘은 다르지만 채굴방식은 본질적으로 같다고 보아야 합니다.

채굴 형태별로 나누어 보면 비트코인류의 코인처럼 채굴 소스를 오픈하여 개인이 채굴기를 가동하여 채굴하는 방식과, 리플코인처럼 개발회사가 일괄적으로 채굴하여 발행 형태로 채굴하는 방식, 원코인 같이 마이닝풀을 본사가 설치하고 채굴소스를 오픈하지 않은 상태에서 개인들로부터 채굴비를 받아서 채굴을 대행해 주는 형태가 있습니다. 이렇게 크게 세 가지의 채굴형태를 보이고 있습니다.

세 가지의 장단점은 각각 있으나 본질적으로는 같다고 보아야 합니다. 오픈소스는 개인들이 금방 신뢰할 수 있는 장점이 있으나 사설 마이닝풀의 도산이나 큰손들의 편중된 채굴 파워로 인해 시장이 왜곡될 수 있으며 개인들은 채굴 해킹을 수도 없이 당했습니다.

리플코인은 발행형이라는 불안감으로 인해 개인들이 초기에 신뢰하기 어려워 고전을 면치 못했습니다.

원코인은 채굴소스를 공개하지 않고 있다는 이유로 의심

어린 눈초리를 받아 시장에서 냉대를 받았습니다. 그러나 원코인은 채굴 3년 만에 190개국 이상 330만 명 이상의 채굴 참가자들이 생겼습니다. 본사의 엄격한 마이닝풀 관리로 인해 왜곡된 채굴이 발생하지 않았고 단 한 건의 해킹 사건도 발생하지 않아서 안전성을 서서히 입증해 가고 있습니다.

향후 신생코인들도 원코인같이 회사 마이닝풀을 사용하는 것이 가장 안전할 것입니다. 단지 초기 자본이 많이 투자되기 때문에 웬만한 회사가 감당하기는 어려울 것입니다.

Question 071

채굴 난이도에 따라
가상화폐의 시세가
다른 것인가요?

nswer

한마디로 정확한 말입니다. 가상화폐는 난이도라는 것이

있는데 금광의 갱도가 깊어지면서 채굴비가 상승하기 때문에 금값이 올라갈 수밖에 없습니다. 물론 금에 대한 수요가 반드시 있다는 전제하에서 말입니다. 금이 화폐로서 유용성을 가지고 있습니다. 가상화폐도 마찬가지로 시간이 지나면서 난이도가 상승하여 채굴에 투입되는 채굴비가 상승하게 프로그램되어 있습니다. 그래서 그 코인이 화폐로서 유용성이 있는 코인이라면 난이도가 올라갈수록 코인의 가격은 올라가게 되는 것이 맞습니다. 그러나 통상적으로 시중의 거래소에서 거래되는 코인들의 가격은 난이도와 반드시 비례한다고 할 수 없는 경우가 대부분입니다. 난이도가 객관적으로 일반 대중에게 오픈되어 가격을 예측하게 만들어 주는 코인은 거의 없습니다. 전문적으로 채굴하는 업자들만 채굴난이도를 알 수 있을 뿐입니다.

Question 072

채굴이 어려운 코인이
시세가 높은가요?

Answer

질문의 내용을 조금 구체적으로 파고 들어 암호화된 알

고리즘을 더 어렵게 프로그램했다는 뜻으로 해석하여 답을 하도록 하겠습니다.

채굴의 목적은 코인별로 지폐의 시리얼 번호 같은 근본 출처의 정보를 갖게 하기 위함입니다. 이전의 페이나 도토리 같은 전자화폐처럼 포인트의 개념이 아니고 전자적 숫자만 존재하는 것이 아닙니다.

채굴부터 하나의 거래로 보아 거래이력이 누적되어 가는 과정으로 보는 것입니다. 그래야 해킹이 되지 않고 거래추적이 가능하여 제3자 신용기관 없이 거래의 안전성을 담보할 수 있기 때문입니다.

이런 채굴 암호를 어렵게 만들어 많은 자원이 투하되게 만들었다면 경제성이 맞지 않습니다. 암호를 어렵게 만들었다고 해서 해킹이 안 되는 것이 아니고 블록체인의 특성상 물리적으로 해킹이 불가능한 것이 가상화폐의 특성입니다. 그래서 굳이 채굴을 어렵게 만들 필요가 없습니다.

Question 073

집에서 데스크톱으로도
채굴이 가능한가요?

Answer

채굴 초기 난이도가 낮을 때는 가능했습니다. 아마 지금

도 가능하지만 연산능력에 따라 코인이 분배되기 때문에

비트코인을 기준으로 하면 코인 하나 채굴하는 데 백 년이 넘게 걸릴 수도 있습니다. 결국 경제성이 없다는 말입니다.

그리고 요즘 나오는 신생코인들은 이미 매스컴을 통해 채굴 정보가 오픈되기 때문에 거대한 마이닝풀의 컴퓨팅 파워가 투입됩니다.

개인 데스크톱 PC로는 경쟁시장의 채굴시장에서 의미가 없습니다. 채굴 전문 컴퓨터를 부품별로 구매하여 별도로 조립하는 것이 훨씬 경제적일 수 있습니다.

용산 전자상가에 나가면 채굴기를 전문적으로 판매하는 상점들이 많이 있습니다. 전문가와 상담을 통해 구입하는 것이 좋습니다.

Question 074

비트코인이 모두
채굴되었을 때는 어떻게 되나요?

Answer

2150년에 2,100만 개의 비트코인 총량의 채굴이 완성되

도록 설계되었습니다. 화폐의 기본전제인 희소성이 2,100

만 개로 제한되었다는 것이 모든 사람들에게 알려져 있는 것입니다. 그래서 인플레이션이 없는 가장 완벽한 돈이 가상화폐인 것입니다.

그런데 요즘에 와서 비트코인이 하드포크라는 명분하에 자꾸 동일한 화폐가 생기고 있습니다. 벌써 두 번째 분할을 해서 4,200만 개의 비트코인이 생겼습니다. 이름이 비트코인 뒤에 캐쉬와 골드가 붙었지만 본질적으로 같은 코인입니다. 마치 달러의 추가 발행과 흡사합니다. 결국 총량이 정해져 있지 않다고 할 수 있습니다.

Question 075

믿을 만한 채굴업체의
기준은 무엇일까요?

Answer

검증된 자산을 가지고 있는 회사가 채굴업체를 차리면
됩니다. 그리고 보험에 가입하여 투자자들의 위험에 대비할 수 있는 조건을 갖추면 될 것입니다. 그 외 특별한 기준은 없습니다.

금융당국에서 가상화폐에 대한 규제안을 만들겠다고 2017년 12월 4일 정부합동 TF팀을 발족했다고 합니다. 가상화폐 시장의 중요한 구성요소인 채굴업체에 대한 규제안도 반드시 만들어야 합니다.

이렇게 되면 믿을 만한 채굴업체가 될 것입니다.

Question 076

가상화폐의 최소거래단위가
소수점 8자리인 이유는
무엇인가요?

Answer

소액결제를 위해서 그렇습니다. 현재 화폐는 소액결제를

위해 천 원, 오백 원, 백 원, 오십 원, 십 원권으로 이미 인쇄가 되어 화폐가 분리되어 있습니다. 그런데 가상화폐는 한 개의 코인을 가지고 소액을 결제하려면 소수점으로 이하로 분할할 수 있어야 하기 때문입니다.

가장 작은 비트코인의 단위를 사토시라고 하는데 1억 사토시가 1비트코인이라고 할 수 있습니다. 인플레이션이 심한 화폐가치가 낮은 나라에서도 비트코인을 사용하기 쉽게 만드는 방법이기도 합니다. 비트코인을 따라서 모든 코인들은 거의가 소수점 8자리까지 분할할 수 있게 만들어져 있습니다.

Question 077

가상화폐는

유통기한이 있나요?

 nswer

금의 유통기한이 있나요? 가상화폐는 화폐적 속성으로

보면 물질의 금과 동일합니다. 단지 물질적 특성을 가진 것인가 아닌가만 차이가 있을 뿐입니다. 가상화폐는 한 번 개발하여 놓으면 블록체인 내에서 사라지지 않습니다. 그래서 대단히 경제성이 높습니다. 화폐시스템을 유지하는 비용이 현재 지폐시스템에 비해서 현격히 적습니다.

단지 사용자들이 그 코인을 현실 상거래 행위에서 사용하지 않으면 화폐적 기능이 없어 유용성이 없는 코인이 되어 유저들이 없는 것뿐입니다. 당연히 가치가 사라지게 되어 전자쓰레기로 남아 있습니다.

Question 078

가상화폐의 가격을
결정하는 것은 무엇인가요?

Answer

수요와 공급의 원리에 의해 가격이 결정됩니다. 이것이

기본 전제입니다. 가상화폐는 공급량이 시간에 따라 이미 결정되어 있습니다. 가격에 의해 공급량이 결정되지도 않고 수요량이 결정되지도 않습니다.

공급량은 프로그램에 의해 최종 수량이 연도별까지 정해져 있습니다. 비트코인 공급량은 2,100만 개로 딱 한정되어 있습니다.

원래 수요공급의 법칙은 수요가 내려가면 가격이 내려가는 것은 당연합니다. 가격이 내려가면 수요가 증가하여 다시 최적 가격으로 환원되는 것이 수요공급이론의 기본입니다.

그러나 가상화폐는 가격이 올라가면 수요량이 증가하여 가상화폐의 가격이 더욱 올라가는 비교과서적인 수요 형태를 보이고 있는 경우가 허다합니다. 중앙관리자가 없는 코인은 시장의 수급에 의해 가격이 결정되는 것이 정설입니다. 수량이 작은 비트코인류들은 큰손들의 작전에 의해 가격이 움직이는 경우도 대단히 많다고 하니 투자자들은 각별히 조심해야 합니다.

원코인 같이 중앙관리형 코인은 난이도와 연결된 코인가격을 결정하기도 합니다. 난이도는 수요함수입니다. 채굴 참가자니 사용자들이 증가하면 난이도가 증가하게 설계된 것이 코인의 기본입니다. 유용성이 높은 코인은 난이도가 증가하는 것이 기본입니다.

난이도가 증가한다는 것은 수요가 증가한다는 뜻이고 수요가 증가하면 코인의 가격이 올라가게 되어 있습니다. 다만 시장에서 예측이 가능하게 난이도와 가격을 알기 쉽게 연동시켜 놓은 것뿐입니다. 중앙관리형의 가상화폐도 본질적으로는 수요와 공급에 의해 가격이 결정됩니다.

Question 079

카드에 코인을 담아서
사용할 수도 있나요?

Answer

얼핏 보면 대단히 그럴 듯한 말이고 가능할 수 있을 것

같습니다. 실제로 이렇게 주장하는 카드도 나와 있습니다.

하나만 알고 둘을 모르면 이렇게 주장할 수도 있겠습니다.

카드와 가상화폐의 근본적인 차이는 제3자 신용기관이 없다는 점입니다. 신용카드는 반드시 신용카드사라는 신용기관을 필요로 합니다.

카드와 가상화폐는 서로 공통점이 없고 섞일 수 없습니다. 물론 현실적으로 복잡한 과정을 거쳐서 육안으로 보기에는 카드에 코인을 담아서 카드만 긁으면 코인으로 결제가 되는 것처럼 보일 수는 있습니다.

코인은 전자지갑에 보관되어 있고 신용카드에 충전 금액은 지폐입니다. 카드를 긁으면 코인거래소와 연동되어 코인의 매각 명령이 내려지고 매각된 코인 대금이 카드와 연결된 은행계좌로 자동이체가 되도록 업무협약이 맺어지면 가능해 보이기도 합니다.

이렇게 되면 중간 중간에 가치가 전달되는 시간이 길어지고 수수료가 발생하게 됩니다. 이런 불편한 과정을 거쳐야 할 이유가 있을까요? 돈의 전달 과정을 생략하고 P2P로 직접 돈을 전달하려고 하는 것이 가상화폐입니다.

언젠가 이렇게 주장하며 사기 코인을 들고 나왔던 스페

이스코인이라는 것이 있었습니다. 그 코인의 개발회사가 유럽에서 신용카드 발급 전문회사로서 카드에 대한 노하우가 많은 회사라고 홍보를 하였습니다. 필자가 이것은 말도 안 된다고 하면서 지인들을 말렸던 기억이 아득합니다. 결국은 예상했던 결과로 종결되었습니다.

가상화폐의 해외 송금
수수료는 어느 정도인가요?

A
nswer

거의 0원에 가깝습니다. 현재 달러를 사서 송금하는 것
에 비해 턱없이 송금비용이 없다는 뜻이지 정말 0원은 아

닙니다. 인터넷을 통해 해외 친구에게 편지를 쓰는 데 드는 비용은 0원이지만 사실 0원이 아닙니다. 전기요금과 기기의 감가상각을 생각해야 하기 때문입니다. 옛날 아날로그 편지를 쓸 때에 비해 비용이 거의 없다는 뜻입니다.

정보를 전달하는 비용이 0원에 가까운 기술이 인터넷이고 돈을 전달하는 비용이 0원에 가까운 것이 가상화폐입니다.

현재 비트코인류의 가상화폐는 여러 가지 이유로 인해 해외 송금이 쉽지 않습니다. 승인 시간이 오래 걸리거나 국제 간 가격 차이가 많이 나고 익명성이라 잘못 전달될 위험이 크기 때문입니다.

이런 불편한 사항을 제거한 가상화폐가 출현하면 국제간 송금은 가상화폐를 통해 이루어질 것이 불을 보듯 뻔합니다. 시간과 비용이 혁명적으로 줄어든 가상화폐를 외면할 사람들은 없기 때문입니다.

가상화폐와
금의 채굴 의미를 분석하다

첫째, 가상화폐의 채굴은 누구나 집에서 돈을 가지고 채굴에 참여할 수 있지만 광물인 금은 전문 금광업자가 현장에서 노동력과 장비를 투입하여 채굴한다.

지금은 돈을 벌려고 금광업자에게 지분을 사거나 돈을 투자하는 사람이 아마도 거의 없다.

금의 채굴은 그 결과를 예측하기가 어렵고, 설령 채굴한다고 하더라도 수익을 내기가 어렵기 때문이다

가령, 가상화폐 원코인은 위와 같이 컴퓨터 계정에서 채굴명령을 내리면 블록체인 기반 위에서 채굴소 컴퓨터들이 암호화된 알고리즘을 풀어서 원코인을 채굴하여 제 개인 계정으로 원코인이 들어온다.

광물인 금은 금광이 있는 지역에서 인간의 노동력, 장비, 자본을 들여 실생활과 많이 떨어진 외진 곳에서 금을 채굴한다.

둘째, 가상화폐와 금의 거래소를 비교하여 보자.

가상화폐는 웹상에서 실물의 움직임 없이 암호화된 정보를 전달하고 받고자 하는 법정화폐로 교환하면 된다.

실물인 금의 거래는 일정한 장소의 금거래소에서 법정화폐와 실물의 금을 교환하면 되는데, 많은 양의 금은 보관 증서를 기반으로 거래를 실행하면 되지만 보관비와 운반비의 문제가 발생한다.

여기서 가상화폐와 금 거래의 본질적 차이가 있다.

가상화폐는 실제 상거래와 연계하여 획득한 가상화폐를 법정화폐로 교환하는 것을 포함하지만, 금의 거래는 금 자체를 가치 저장의 수단이나 매매시세차익을 노리는 거래이다.

가상화폐의 성격은 금과 동일하지만 사람들은 지금까지의 지식이나 고정관념에 의해, 금이 대단한 내재적 가치가 있다고 생각하고 있어서, 가상화폐를 이해하는 데 많은 장애를 초래하고 있다.

금은 귀하기 때문에 가치저장의 수단으로 인류에 큰 공헌을
하였으나, 지금은 보관비용이 많이 들고 운반의 어려움으로 인
해 사람들의 뇌리에서 서서히 사라진다.

한국도 10년 전만 하더라도 동네 골목마다 금은방이 있었으
나 지금은 어디를 가도 보기가 대단히 어렵다. 이제는 가치저장
수단으로 가상화폐를 생각해야 할 시대가 조만간 도래할 것으
로 생각된다.

CHAPTER 5

미래의 가상화폐는
어떻게 발전할까요?

Question 081

가상화폐가 전혀
쓸모없어질 수도 있나요?

Answer

물론입니다. 금은 화폐적 가치가 없어지면 장신구라도

만들거나 금이빨이라도 할 수 있지만 가상화폐는 전자적

신호임으로 유용성이 없는 코인은 아무짝에도 쓸모없는 전자쓰레기가 될 수 있습니다. 그래서 가상화폐에 투자하는 것이 지구상에서 리스크가 가장 큰 투자입니다. 특히 현재 가상화폐의 주류를 이루고 있는 비트코인류의 가상화폐는 화폐 기능을 완전히 상실한 상황이라 더욱 위험이 높은 투자입니다. 지금까지 여러 개의 가상화폐가 이름조차 생각이 안 날 정도로 사라져 버렸습니다.

원래 화폐라는 것은 사람들이 찾지 않으면 그 가치는 사라지는 것입니다. 신뢰하지 못하는 숫자가 되는 순간, 그것은 전혀 쓸모가 없어집니다. 제2차 세계 대전 당시 독일 마르크화가 그랬고, 지금 베네수엘라 화폐가 그렇습니다. 화폐의 남발로 국민들이 그 화폐에 대한 신뢰를 하지 않자 휴지 조각에 불과하게 된 것입니다. 가상화폐도 신뢰를 상실하면 당연히 그렇게 됩니다.

출처 : 구글 이미지

Question 082

가상화폐가 화폐로서의
지위를 확보하려면 어떤 점이
개선되어야 할까요?

Answer

진짜 화폐와 가상화폐의 차이는 없습니다. 통상적으로

진짜 화폐는 지폐이고, 가상화폐는 눈에 보이지 않는 인터넷상으로 결제가 되는 지불시스템입니다. 정말로 말 그대로 가상화폐가 진짜 화폐로 새롭게 자리매김할 것입니다.

그렇다면 지금의 가상화폐는 진짜 화폐가 될 수 있을까요? 한마디로 불가능하다고 확실하게 답할 수 있습니다. 가상화폐가 진짜 화폐로 자리를 잡으려면 먼저 가치의 안정성을 확보해야 하고, 둘째로 거래 처리 속도가 신용카드 수준만큼 빨라야 합니다. 그리고 KYC를 엄격히 시행하여야 하며, 마지막으로 수량이 1,000억 개 이상 되어야 할 것입니다.

이런 바람직한 가상화폐가 출현하면 그 지위가 진짜 화폐의 지위를 확보할 것입니다.

Question 083

여러 개의 가상화폐가
법정화폐로 인정될 수도
있나요?

Answer

법정화폐란 법이 가치를 정하여 중앙은행이 발행한 지폐

를 일컫는 말입니다. 개인이나 회사가 발행하는 가상화폐를 법정화폐라고 할 수 없습니다. 법정화폐라고 해도 정부의 도덕성이나 무능력으로 인해 재정이 파탄나면 아무 가치가 없게 됩니다. 지금의 베네수엘라를 보면 잘 알 수 있습니다. 대한민국은 아직까지 그런 정부가 들어서지 않아서 법정화폐에 대해 맹신하고 있고 법정화폐가 제일이라고 믿는 신념을 가지고 있는 것뿐입니다.

시장 참가자들의 신뢰를 받는 화폐가 가장 좋은 화폐입니다. 그것이 법정화폐일 수 있고 가상화폐일 수가 있는 것입니다. 단지 가상화폐를 법적 정의를 통해 화폐로 규정할 것인가 금융상품으로 규정할 것인가에 따라 적용되는 법이 달라지고 세금 부과 내용이 바뀌는 것뿐입니다.

현재 우리가 가상화폐를 법정화폐로 대체할 수는 없습니다. 하지만 현재의 지폐를 디지털 가상화폐로 하는 화폐 개혁은 가능합니다. 가치의 변동이 없는 오만 원 권 코인 하나만 만들어서 현재 지폐와 액면 교환을 실시하면, 그것은 법정 가상화폐가 될 수 있을 것입니다.

현재 우루과이가 이렇게 하고 있으며 조만간 러시아, 중국에 이어 미국도 그리할 것으로 예상됩니다.

Question 084

코인 사기의 유형은
어떤 것이 있을까요?

Answer

여기에 정리한 유형들은 거의 100% 사기라는 뜻입니다.

지금 내가 하는 이것은 아니겠지 이렇게 생각하면 안 된다는 뜻입니다. 지금 아직까지 '먹튀'를 하지 않은 것뿐이지 그 끝은 바로 코앞에 와 있다는 뜻이니 독자들은 명심하고 또 명심해야 합니다.

첫째, 트레이딩을 통해 확정된 수익을 준다고 하는 유형이 가장 흔한 것 같습니다. 알파고까지 등장하고 심지어 국제 가격차를 이용한 국제적 트레이딩 전문가라고 하면서 투자를 권유합니다.

둘째, 채굴을 전문적으로 하는 회사인데, 매일 일정한 채굴수익을 주겠다는 제안도 트레이딩과 마찬가지로 실체가 없는 것입니다. 채굴은 경쟁시장이기 때문에 채굴기를 가동해서 결과를 확인해야 수익이 확정되는 것입니다.

셋째, 거래소가 해킹을 당했다고 소비자들에게 무책임하게 나오는 것도 일종의 사기입니다. 실제로 해킹을 당하지 않고도 당했다고 하는 경우가 대다수인 분위기입니다. 일본의 최대 거래소였던 '마운트 곡스 사건'이 대표적인 사례입니다.

넷째, 보안이 탁월한 코인이라거나 기타 기술적인 부분만 강조하며 투자를 권유하는 코인은 사기입니다. 코인의 기술이란 것은 특별한 것이 없기 때문입니다.

보안은 블록체인 특성으로 보안능력이 높은 것입니다. 코인의 유용성을 얘기하지 않고 기술적인 특성만 얘기하는 것은 현재 우리 머릿속에 들어 있는 패러다임에 딱 맞는 주장이라서 순간적으로 믿기 쉽습니다. 이런 유형으로 코알코인이라는 것이 한국을 떠들썩하게 만든 적이 한 번 있습니다.

코인은 유용성을 가장 먼저 언급해야 합니다. 그리고 블록체인 속도를 얘기해야 합니다. 그다음 KYC 등 당국의 규제기준을 얼마나 준수할 수 있는지를 논의해야 합니다.

다섯째, 코인을 개발한 회사가 재매입한다고 하면서 투자를 권유하는 회사입니다. 세상에 이런 바보 같은 말에 속아서 사기를 당하는 사람도 상당히 있습니다. 100원에 팔고 300원이나 500원에 되사주기 때문에 돈을 벌 수 있다는 얘기입니다. 그 코인은 신용카드 발행 전문 회사가 연합해서 코인을 만들었기 때문에 안전하다는 것입니다.

그것이 바로 스페이스코인이라는 이름으로 2017년 상반기에 한국을 강타한 사기 사건입니다. 회사가 아무리 돈이 많아도 이런 거래는 존재하지 않습니다.

여섯째, 거래소가 사기를 치는 유형입니다. 별로 이름도 없는 코인을 마치 유용성이 높은 코인인 양 풍선을 한참 띄우고 거래소에 등록합니다. 그것은 반드시 국내 수요자들이 잘 모르는 외국에 있는 코인입니다. 그래야 국내 소비자들을 속일 수 있기 때문입니다.

그리고 벌써 이미 거래소는 그 코인을 잔뜩 매입하여 놓고 기다리는 것입니다. 아주 악랄하고 나쁜 사기 유형입니다. 코인 거래소에 등록되었다고 무조건 신뢰하는 경향을 이용한 사기 유형입니다.

지금까지 코인거래소에 등록되어 한동안 잘 나가다가 사라진 코인이 한둘이 아닙니다. 거래소에 등록되는 것이 바람직한 코인의 절대 기준이 아님을 잊어서는 안 될 것입니다.

그리고 ICO나 유명 회사 이름을 빌어서 사기를 치는 경우가 자주 발생하기도 합니다. 이것은 100% 사기는 아닙니다. 하지만 합법을 가장한 사기극이 될 소지가 다분합니다. 유용성이 없는 코인이 99.9%이기 때문에 ICO를 해봤자 시중에서 사용되지 못하는 코인입니다.

또한 유명한 회사 이름을 딴 것은 내 기분만 좋을 뿐입니다. 비트코인이나 이더리움이 어디 유명회사 이름인가요? 구글이 어디 기존 유명회사 이름이었던가요?

새 술은 새 부대에 담아야 합니다. 대기업은 옛날 사업에 특화되었지 완벽히 패러다임이 바뀌는 새 시대의 철학과는 배치되는 회사의 철학을 가지고 있기 때문에 혁신 앞에서 무기력합니다. 그러나 우리는 대기업 사대주의 사상이 깊이 뿌리 박혀 있어서 혹시나 하는 마음에 그런 코인에 몰입하는 경향이 높습니다.

항상 코인이 화폐로서 얼마나 유용성이 높은가가 코인의 판단기준이어야 합니다.

Question 085

가상화폐를 부정적으로
생각하는 의견은 왜 생길까요?

Answer

　부정적으로 생각하는 유형은 두 가지가 있는 것 같습니
다.

첫째, 기존 지폐의 패러다임으로는 도저히 이해힐 수 없어서 부정적인 생각을 갖는 것입니다. 비트코인 초기 때 사람들이 보여주었던 생각이 대표적입니다. 눈에 보이지도 않고 정부가 보증하는 것도 아니고 금으로 가치를 백업하는 것도 아닌 이름도 모르는 개인이 개발한 게임머니 같은 것이 어떻게 일반화의 돈이 되겠는가 하는, 이런 소위 무식한 소리를 하면서 부정적인 생각을 하는 경우입니다.

비트코인이 1,500만 원에 육박하고 연일 매스컴에 가상화폐 이야기가 나와도 아직도 먼 산 불구경하듯 자기와 아무런 관련이 없는 듯 초연하게 얘기하는 사람이 대단히 많습니다. 그리고 아직도 가상화폐라는 용어를 처음 들어보는 사람이 50%가 넘는다는 조사보고서가 공개된 적도 있습니다.

둘째, 현재의 가상화폐가 가치가 불안정하고 투기 거래에 사용되자 18세기 '네덜란드 튤립 거품'에 비교하면서 부정적인 견해를 보이는 전문가 집단이 있습니다. 기술적인 분석 관점에서 보면 현재의 비트코인류의 코인들이 보여주는 능력으로는 절대적으로 화폐가 될 수 없습니다. 이런 관점에서 부정적인 시각을 가지고 있는 것입니다.

현재 비트코인이 보여준 혁명적인 개념을 이해하고 부정적인 관점을 갖게 하는 원인을 제거하면 그 코인을 어떻게 바라볼까 하고 생각할 수 있어야 합니다. 가상화폐의 유용성은 비트코인이 충분히 증명했습니다. 다만 비트코인이 보여주는 단점, 가치불안정성, 범죄 사용 가능성, 거래 처리 속도 그리고 수량이 적다는 점을 개선하면 바람직한 코인일 수 있습니다.

생각을 조금만 다르게 하면 긍정적인 관점으로 순식간에 바뀔 수 있습니다. 그러나 아직도 정부 관료나 학자들이 바람직한 코인의 이미지를 그리고 그 이미지를 기술적으로 실현할 자신감의 결여와 통찰력이 없기 때문에 부정적으로만 보는 것 같습니다.

최근 한국에서 '이더리움'이
굉장한 인기였는데
무엇 때문일까요?

Answer

사실 이더리움만 인기가 있는 것은 아닙니다. 한국 거래

소에 등록된 대시코인, 라이트코인, 리플코인 모두 인기가

대단히 높습니다.

유독 이더리움이 인기가 있었다고 느끼는 것은 비탈릭 부테린이라고 하는 특출한 IT 기술자가 한국에 자주 들어왔고, 이더리움을 알리는 데 직접 발로 뛰었기 때문이라고 생각합니다. 또한 블록체인이 스마트 컨트랙트가 있어 다양한 프로젝트에 응용할 수 있다는 장점 때문에 이더리움이 조금 더 스포트라이트를 받는 것 같습니다. 하지만 화폐적 관점에서 보면 비트코인과 오십보백보입니다.

- 스마트 컨트랙트

비트코인의 개발자 사토시 나카모토의 논문에 처음 나오는 블록체인은 단순한 원장기반의 디지털 가상화폐 거래의 플랫폼을 넘어 다양한 서비스에 적용하도록 응용할 수 있는 것 중에 하나가 이더리움의 블록체인에서 구체화되었다. 컴퓨터 과학자 닉자보(Nick Szabo)가 처음 제안한 개념이 스마트 컨트랙트인데, 그간 개념으로만 남았다가 블록체인이 등장하고 이더리움 블록체인에서 빛을 보게 됐다.

인터넷상에서 서로 잘 알지 못하는 상대방과의 계약을 추진하는데 드는 신용 창조 비용을 줄이고자 하는 목적에서 시작되었다. 이제는 계약서를 작성하고 계약서 내용대로 계약 조건을 이행하려면 실제 사람이 중간에 매개자로 있어야 한다. 바로 이것이 신용 중개 기관이다. 당연히 시간과 비용이 들어가는 문제가 생길 수 밖에 없다. 스마트 컨트랙트는 계약 조건대로 실행이 되면 자동을 대금이 시불되는 개념이다.

Question 087

가상화폐에 대해
가장 적극적인 국가는
어디이며, 그 허용범위가
어느 정도인가요?

Answer

우루과이가 법정화폐를 디지털 가상화폐로 개혁하기 전

까지는 중국과 러시아가 가장 적극적인 국가라고 생각했습니다. 사실 국가마다 가상화폐를 대하는 방법이나 개념들이 대단히 상이합니다.

유럽의 영국이나 독일은 가상화폐를 결제수단의 화폐로 생각하고 있으며 민간영역에서 발행하고 지불수단으로 사용하는 화폐로 보고 있습니다. 사회적 문제를 야기하지 않으면 민간 사적 자치의 영역에 속하는 것으로 보는 관점이 우세합니다. 필자도 이런 정부의 태도가 가장 바람직하다고 생각합니다.

일본 정부는 2014년도 마운트 곡스의 대형 사기사건이 발생하자 거래소를 규제해야겠다는 생각으로 거래소 승인제를 입법화하고 가상화폐를 화폐로 정의하여 소비세를 폐지했습니다.

일본 정부는 가상화폐의 또 다른 폐해에 대한 깊은 통찰없이 거래소의 문제에만 국한되었던 것 같습니다. 요즘 비트코인의 광풍이 불자 다시 세금을 부과한다, 규제법을 다시 만든다는 뉴스가 흘러나오고 있습니다.

동남아시아의 태국, 필리핀, 베트남은 개방적인 태도를 취하고 있습니다. 아직 국민경제 수준이 낮고 투기 성향의

과열 현상은 없는 것으로 보입니다. 하지만 베트남은 익명성 가상화폐의 사용자들에게 벌금을 부과한다는 행정 명령을 내려서 가상화폐의 투기적 광풍을 미리 차단하고 바람직한 가상화폐의 방향을 제시하려고 하는 것 같아 가장 모범적이라고 보입니다.

베트남이나 중국과 같이 투기적인 가상화폐의 사용을 금지시키면 실물 상거래에 사용할 수 있는 바람직한 코인만 존재하게 되고 국민경제 발전에 크게 기여하는 방향으로 가상화폐가 발전할 것입니다.

Question 088

비트코인의 이체 시간은
왜 오래 걸리나요?

Answer

8년 전에 이런 질문을 한 사람이 있다면 그는 분명히 미래
를 관통하는 혜안을 가지고 있는 사람이었을 것입니다. 현실

에서 일어나는 현상을 보고 이런 질문을 이제야 던집니다.

가상화폐는 인터넷을 통해 집단 의사 결정으로 신용을 만드는 합의과정을 기록한 장부입니다. 인터넷으로 연결된 노드(컴퓨터)들이 거래의 승인을 해야 거래가 확정됩니다. 비트코인은 1분에 400여 건의 거래 처리 능력을 가진 블록체인을 바탕으로 개발한 코인이며, 그 블록도 10분마다 형성되고 전 세계에 동기화 됩니다.

비트코인의 초창기에는 사용자들이 많지 않아 승인시간이 문제되지 않았습니다. 그러나 지금 2,000만 명 이상의 사람들이 거래에 참가하자 이체시간이 길어지고 있으며 심지어 몇 시간 이상이 걸리기도 합니다. 이것은 비트코인이 가지고 있는 치명적인 단점이며 극복해야할 과제이지요. 마스터카드나 비자카드의 거래 처리 능력은 분당 70만 건 이상이며 하루 1.5억 건 이상을 처리한다고 합니다. 그 정도 속도가 나와야 일상생활에 사용되는 가상화폐가 될 것입니다.

가상화폐 비트코인은
1억 원까지 도달할까요?

Answer

정말 가능할까요? 그럴 수도 있을 것입니다. 그 반대의

경우는 발생하지 않을까요? 비트코인이 1억이 가야 하는

이유는 무엇일까요? 수량이 한정되어 희소성이 있고 찾는 사람들이 많으면 1억이 아니라 10억 원이 될 수도 있을 것입니다. 그것은 아무도 모를 일입니다. 그렇다고 해서 그때 가서 보자고 하는 것은 너무 무책임한 것 같습니다.

비트코인이 1억 원이 되는 경우는 이런 것을 모두 충족했을 때일 것입니다. 비트코인이 아니고는 해결할 수 없는 일이 있고 그 일로 인해 비트코인에 대한 수요가 지속적으로 늘어났기 때문입니다.

그런데 비트코인은 무엇일까요? 비트코인은 단순히 블록체인상에서 P2P의 방식으로 가치를 전달하는 디지털 형식의 화폐일 뿐입니다. 비트코인이 없어도 비트코인을 대신할 디지털 가상화폐는 이미 지구상에 넘쳐납니다.

비트코인의 가격이 1억 원으로 올라가면 그것을 소지한 사람은 심장이 얼마나 두근거릴까요? 바로 해킹이나 분실의 우려 때문에 말입니다. 일상생활을 제대로 영위할 수 있을까요?

비트코인의 가격이 2억 원으로 올라간다는 전제가 있으면 그 정도의 불편함을 감수하고 비트코인을 소지하는 수요자로 시장에 참여할 것입니다. 만약 2억으로 올라갈 일이 없다면 다른 가상화폐로 바꾸어 보관할 것입니다. 그러면 시장에 비트코인의 매물이 나오게 되어 가격이 떨어질 겁니다.

비트코인이 1억 원이 갈 것이라고 하는 말을 시장에 흘리는 사람들은 모두가 거래소 관계자들이거나 비트코인을 대량 보유한 사람들일 것입니다. 비트코인의 가격이 1천억 원이 가도 일반 보통사람들의 생활에는 전혀 영향이 없습니다. 그것은 그 도박에 참여한 사람들의 일이기 때문입니다.

이런 투기도박판을 공공의 복리를 책임지는 정부가 가만히 보고 있을까요? 답은 명쾌합니다. 비트코인의 미래가 충분히 보입니다.

Question 090

가상화폐는 은행권에서
현금화할 수 있나요?

 nswer

지금은 은행권에서 현금으로 환전해 주는 곳은 없습니

다. 하지만 시간이 흘러 일반화되고 가치가 안정적인 가상화폐가 있다면 은행에서 환전해 주는 곳이 생길 것입니다.

일본의 미쓰비시은행은 자체 개발한 코인 한 개당 1엔으로 환전하여 준다고 합니다. 그러니 한국도 언젠가는 이런 일이 생길 것입니다. 사실 은행에서의 환전 가능 여부가 중요한 것은 절대 아닙니다. 그 코인이 실제 상거래에서 사용되는 가상화폐인지 아닌지가 가장 중요합니다.

상거래에서 사용되면 굳이 은행에서 환전할 필요가 없습니다. 보관하는 비용도 없고 분실의 위험도 없으면서 시간이 지나면 은행 이자 이상의 가치가 상승하는 가상화폐를 굳이 현금으로 바꿀 이유가 없기 때문입니다.

현재 눈에 보이는 비트코인류의 가상화폐는 실상거래에 사용하지 못하고 단순히 거래소에서만 투기로 사용되기 때문에 우리 보통사람들은 은행의 환전 여부에 관심이 가고 있는 것뿐입니다.

가상화폐가 일반화되면 전통적인 은행의 개념도 분명히 바뀔 것입니다.

Question 091

다른 나라의
반응은 어떤가요?

nswer

각 나라마다 온도차가 분명히 있습니다. 그러나 시간이
지나면서 각국 정부의 대응 방향이 비슷해져 가는 경향이

뚜렷합니다. 작년하고 올해가 다르고 또 내년 초가 달라질 것 같습니다.

한국 정부도 2017년 12월 04일 가상화폐 정부합동회의를 진행하여 투기 광풍에 휩싸인 지금의 현실을 무작정 외면할 수 없다는 것에 관계기관들이 의견을 같이한 것으로 언론에 보도되었습니다.

조금 늦은 감이 없지 않지만 그나마 다행이라고 생각합니다. 한국 정부는 2017년 12월 ICO를 전면 금지한다는 발표를 하였고 통화가 아니어서 규제할 기준이 없다는 수준이었습니다.

중국 정부는 ICO의 전면 금지와 거래소의 기능을 폐쇄하고 돈의 인출을 중단시켰습니다. 중국의 거래소 중 후오비가 한국으로 진출하려는 움직임이 있다고 합니다.

일본은 화폐로서 법적 정의를 2016년 5월에 법 개정을 하여 공표하였고, 지금은 다시 세금을 부과하는 방안을 검토하고 있다고 합니다. 거래소의 승인제를 실시하여 몇 개의 거래소를 승인한 것으로 보도되었습니다. 승인을 받은 거래소의 폐지를 위해서 또 다시 법 개정을 해야 할 형국입니다.

자체 가상화폐를 발행하는 국가들도 늘고 있습니다. 우루과이가 최초의 국가 가상화폐를 발행하였다는 보도가 있었고, 러시아와 중국도 중앙은행이 자국의 가상화폐를 발행한다고 하면서 준비하고 있는 현재 상황입니다.

미국도 가상화폐 발행을 검토해야 한다고 하는 의견이 연방준비제도에서 거론된다고 합니다. 이런 분위기로 보아서는 조만간 가상화폐가 가상을 떼고 화폐라는 일반명사로 통칭되는 시대가 금방 도래할 것 같습니다.

Question 092

우리 정부도 가상화폐를
규제한다면 그 가치가
떨어지나요?

Answer

규제라는 것이 '무조건 막는다' 이런 부정적인 관점으로

보면 안 됩니다. 사적 영역이 공적 영역에서 마이너스 효과

를 내는 사회적 문제를 야기할 수 있는 행위를 법으로 금지하거나 기준을 제시하는 것이 규제의 개념입니다.

가상화폐의 규제는 당연한 것입니다. 아무리 사적 영역이라도 사회적 문제를 야기하는 어떤 원인을 그대로 방치해서는 안 됩니다. 그럼 지금 가상화폐를 규제해야 하는 이유는 무엇이고 규제의 방향은 어떤 것이어야 하는가 한번 생각해 보겠습니다.

먼저 규제를 해야 하는 이유는 투기적 가상화폐 거래소의 현상으로 인해 국민들의 상대적 상실감이나 청소년들의 무분별한 투기행위 참가 등의 부정적인 영향이 너무 크기 때문입니다. 그리고 거래소의 소비자 보호 대책 없이 많은 손실을 입는 국민들이 생깁니다.

지금도 8,000명 이상이 가상화폐 거래소 빗썸을 상대로 집단소송을 하고 있는 중입니다. 그리고 해커나 랜섬웨어 등 사회적 범죄들도 점점 많아지고 있습니다. 마지막으로 자금의 불법 사용이나 자금 세탁 등의 문제가 심각하게 발생할 수 있습니다.

그럼 규제의 방향은 어떻게 되어야 할까요? 먼저 개별 코인은 반드시 KYC의 인증을 갖도록 해야 하며 국가 지정 신뢰 있는 외부의 기술 감사 보고서를 정기적으로 발행하도록 해야 합니다.

거래소의 규제는 자본금의 기준을 대폭 상향하고 소비자 피해 구제책으로 예탁금과 보험을 일정 이상 들어야 하며 송금과 환전 기능에 충실하도록 해야 하며 거래가격의 변동 폭을 지정해야 합니다. 마지막으로 채굴 공장인 마이닝풀도 거래소에 준하는 규제안을 만들어야 합니다.

위와 같은 규제 입법을 만들어 철저하게 시행하면 현재 발생하는 가상화폐의 문제는 거의 해소될 것입니다. 이렇게 되면 화폐로서의 기능을 상실한 비트코인류의 코인들은 당연히 수요가 줄어들어 가치가 떨어질 것입니다.

Question 093

가상화폐 거래소는 투자자
보호를 위한 조치를 취하나요?

Answer

　　거래소가 투자자들에게 피해를 끼치는 사례는 지금까지

전 세계적으로 발생한 것을 중심으로 정리하여 보면,

첫째, 거래소의 지갑이 해킹당하는 사건이 발생하는 때입니다.

둘째, 마운트 곡스와 같이 거래소의 도덕적 해이로 투자자들의 재산을 훔치는 사건입니다.

셋째, 거래소의 서버가 다운되는 사건입니다. 이 세 가지를 사례별로 좀 더 세밀히 보며 투자자 보호조치를 어떻게 하고 어떻게 보호해야 하는지를 살펴보겠습니다.

먼저 거래소의 해킹사건입니다. 2016년 홍콩거래소 비트파이넥스가 12만 개(한화 약 700억)의 비트코인을 해킹당한 사건이 발생했고, 그 후 이 거래소는 2017년 4월까지 자체 발행한 코인으로 투자자들에게 보상해 주었습니다.

2017년 7월 한국 거래소인 빗썸도 해킹 사건이 발생했는데, 투자자 정보가 이 거래소 직원 개인PC에서 보관되어 있던 고객정보가 해킹당했습니다. 그래서 빗썸이 개인당 10만 원의 현금을 지불하며 피해보상을 했습니다.

일본은 이런 해킹을 당하였을 때 소비자에게 보상을 해 주기 위하여 보험을 개발했고, 정부의 승인을 받은 거래소는 반드시 이 보험에 가입해야 합니다. 한국 거래소 빗썸도

2017년 10월 60억 한도의 사이버보험을 가입했다고 발표했습니다.

한국 정부도 거래소에 대한 규제입법을 하면 보험을 가입하여 투자자를 보호하는 내용의 법을 빨리 입법해야 합니다. 거래소의 도덕적 해이로 투자자들의 돈을 도둑질하는 것은 방지하기 위하여 엄격한 외부감사로 경영상의 문제와 기술적인 문제를 사전에 제거하고, 예치금이나 보험 등으로 이런 문제를 해결해야 합니다. 일부 거래소들이 해킹을 빙자해서 투자자들의 돈을 빼돌릴 개연성이 상존합니다.

또한 거래소 서버가 다운되면서 투자자들에게 많은 피해를 입히는 사건이 종종 발생합니다. 2017년 11월 빗썸이 서버가 다운되어 투자자들이 매도 시점을 놓쳐 지금 집단 소송전에 휘말리고 있습니다. 2016년 말 중국에서도 비트코인의 오름세가 고공행진을 거듭하다 투자자들이 매도하려는 시점에 서버가 다운되어 많은 피해자를 양산했습니다. 이런 문제의 해결방안은 거래고객과 거래금액을 미리 예상하여 거래소 개설 시 보험가입금액이나 예치금을 산정해 시행하는 법적 기준을 수립해야 합니다.

Question 094

가상화폐에 적용되는
세금은 어떤가요?

 nswer

가상화폐에 적용되는 세금은 항목별로 구분할 수 있습니
다. 소득이 있는데 세금이 있고 거래의 단계를 거치면서 가

치가 상승하게 되는데, 거기에는 부가가치세가 있다는 것이 현재 우리나라 세법의 기본 개념입니다.

가상화폐 거래에 따른 세금을 세분하면 먼저 거래소에서 받는 거래수수료 소득에 대하여 부과되는 부가세와 소득세의 문제가 있고, 두 번째 개인이 가상화폐의 거래를 통해 얻는 매매차익에 부과하는 세금과 세 번째로 채굴에 참가하여 가격 상승에 따른 소득의 발생에 대한 과세 여부가 중요합니다.

일본의 경우 가상화폐를 화폐라고 법적 정의를 하여 2016년 5월 공표하였습니다. 법으로 가상화폐가 화폐로서 지위가 부여되면 화폐 자체의 거래차액에 대하여 세금이 면제됩니다. 이것은 세계 민법의 기초입니다. 우리가 외국 여행갈 때 달러를 샀다가 귀국하면서 달러를 되팔 때 달러 가격이 올라가도 차액에 대한 세금을 부과하지 않고 있습니다.

거래소에서 받아가는 거래수수료에 대해서는 당연히 기존 세법에 의거 세금을 부과하면 될 것입니다. 거래소를 법적으로 규제하는 문제는 또 다른 문제입니다. 거래소를 은행에 준해 규제하면 은행수수료에 부과하는 정도의 세금을 부과하면 됩니다.

개인들이 거래소에서 매매 차익을 얻는 것에 대한 세금은 별도 규정을 만들어야 할 것입니다. 지금은 세금 법규가 없기 때문에 구체적으로 세금을 부과하지 않고 있으며 세원을 확정하는 데 어려움이 있습니다.

Question 095

가상화폐를 해킹당하였을 때
되찾을 방법은 없나요?

Answer

가능할 수도 있고 없을 수도 없습니다. 그럼 가능할 때는

언제이고 불가능할 때는 언제인지 구분해서 알고 있으면

302

될 것입니다. 우선 해킹을 당하면 왜 찾을 수 없을까요?

비트코인류의 코인들은 익명성의 코인이고 전자지갑은 이메일만 있으면 누구나 오픈할 수 있습니다. 코인의 이동이 국경을 넘나들 때 제약을 받지 않는 이유입니다. 그렇다 보니 해킹을 당해 코인이 전송되면 되찾기가 하늘의 별따기 보다 어렵습니다.

비트코인은 블록체인을 바탕으로 거래가 되는 공용장부 상태이므로 가장 투명한 거래방식입니다. 추적하여 거래상황을 원상복귀시키는 것은 이론적으로 가능합니다. 단지 여러 차례의 단계를 쉽게 건너 뛰어 전송이 되면 추적하는 것이 현실적으로 어렵다는 것입니다.

이런 익명성의 특성 때문에 랜섬웨어 범죄가 기승을 부리고 있고 해커들이 끊임없이 해킹을 시도하고 있습니다. 요즘에는 북한이 한국 거래소들을 계속하여 해킹을 시도하고 있다고 합니다.

해킹을 당했을 경우 쉽게 되찾을 수 있는 방법은 무엇인가요? 답은 간단합니다. 채굴 당시부터 엄격하게 KYC 정책을 엄격히 준수하고 중앙관리형으로 코인을 운영하면 해킹을 당하였을 때 쉽게 추적이 되고 원상복귀가 됩니다. 중앙관리자가 있어 거래를 원상회복시킬 수 있고 24시간 거래를 모니터링할 수가 있습니다.

KYC를 시행하면 해킹을 무용하게도 하지만 돈의 불법 사용이나 자금세탁 등을 원천적으로 봉쇄할 수 있습니다. 각국 정부는 하루라도 빨리 모든 가상화폐에 KYC정책을 준수하는 입법을 서둘러야 할 것입니다.

Question 096

국내의 은행권들은
가상화폐에 대한 대책을
마련 중인가요?

Answer

2016년부터 한국의 신한은행, 우리은행, 국민은행 등이

세계적인 블록체인 연합회사인 R3cev에 가입하였다는 뉴

스를 본 적이 있습니다. 그리고 국민은행이 블록체인을 이용하여 금융서비스를 시작했다고 합니다.

이런 모든 것이 가상화폐 시대를 준비하는 시중은행의 움직임으로 간주됩니다. 2017년 핀테크 회사들도 1인 2,000만 원 이하의 해외 송금서비스를 시행한다고 하며 법 개정을 준비 중이라고 했습니다. 은행들과 IT업체들과 경쟁의 시대로 돌입했다는 뜻입니다.

이런 경쟁에서 살아남지 못하는 은행들은 시장에서 퇴출당할 것입니다. 일본의 미즈호은행과 미쓰비시은행은 가상화폐를 직접 발행하여 일본 엔화와 등가로 교환하는 일을 추진한다고 밝혔습니다. 일본 중앙은행의 발권력을 대신하겠다는 전략적 판단으로 보입니다.

가상화폐 시대에도 현재의 시중은행이 모습을 바꾸어 존재할 이유를 찾으려는 노력의 일환입니다. 기존의 은행 업무만으로는 디지털 화폐인 가상화폐 시대에 존립하기 어렵기 때문입니다. 우리나라도 우리은행이 재빠르게 가상화폐 발행을 선언하고 도전장을 던졌습니다.

아직까지 그 전략적 방향은 구체적으로 밝혀진 것은 없

지만 현재 시중은행이 변하기 위한 절박한 몸부림으로 볼수 있습니다.

필자가 판단하건대 한국도 일본처럼 몇 개 은행이 합종연횡을 단행하여 국내에 통용되는 가상화폐를 만들 것으로 여겨집니다. 그 코인을 한국은행이 개발하든 시중은행이 개발하든 현재 한화와 등가교환으로 환전하면 될 것입니다. 아마도 코인 하나에 1만 원 권으로 하면 되지 않을까 생각합니다.

시중의 생활 물가를 생각하면 가장 적당한 가치일 것 같습니다. 한 끼의 식사가 6천 원 내외로 0.6개의 코인 숫자이면 사람들이 인식하기도 쉽기 때문입니다. 1천 원짜리 물품을 구매하고 지불하는 한국코인은 0.1개 이런 식으로 전자지갑에 찍히면 인지성이 좋기 때문입니다. 만약 코인하나에 5만 원권으로 가치를 정한다면 천 원짜리를 물건을 사면 0.02개의 코인 숫자가 찍혀야 하니 쉽게 적응하지 못할 것 같습니다.

가장 믿을 수 있는
가상화폐의 보관방법은
무엇인가요?

 nswer

해커들로부터 비트코인 지갑이 털렸다는 뉴스가 자주 등

장합니다. 비트코인 플랫폼 자체는 해킹을 당하지 않지만 개인 전자지갑이 간혹 아니 자주 털리고 있습니다. 그나마 안전하다고 믿었던 거래소의 개인 전자지갑도 자주 털립니다. 그래서 코인을 안전하게 보관하고자 많은 노력을 기울입니다.

도둑 하나를 열 사람이 못 당한다라는 말을 앞서 했습니다. 보관 방법을 개선하면 해커들의 기술 또한 진보해서 해킹을 당합니다. 이런 현상은 지금의 비트코인류의 가상화폐는 지속적으로 반복될 수밖에 없습니다. 앞에서 코인을 보관하는 전자지갑의 종류 네 가지를 설명했는데, 하드웨어, 모바일, 웹, 그리고 데스크톱 PC에 보관하는 것입니다.

인터넷에 연결되어 있는 기기라면 보관하는 사람의 취약한 점을 노리고 순간의 실수를 노려서 개인키와 디지털 서명을 해킹한 후 코인을 탈취해 갑니다. 그나마 가장 안전하다고 하는 하드웨어 보관지갑에 하면 또 다른 문제가 생깁니다. 그 기기 자체를 분실할 우려가 높고 개인이 비밀번호를 잊어버리는 경우가 생겨서 또한 코인이 수장되는 경우가 대단히 많습니다.

필자가 생각하는 가장 안전한 전자지갑의 방법은 코인의

블록체인의 네트워크상에 보관을 하는 깃이 가장 안전한 것 같습니다. 그리고 KYC를 코인에 장착하는 것입니다.

그래서 해킹을 무용하게 만드는 것입니다. 코인이 시스템 외부로 사라질 수 없고 누구에게 전송된지를 알 수 있기 때문에 해킹을 해서 얻는 실익이 없습니다. 이것이 가장 안전하게 코인을 보관하는 방법일 것입니다.

단순히 기계적으로 안전하게 코인을 보관하는 방법을 찾는 것은 하책이고 최선의 상책은 KYC를 시행해서 해킹을 사전에 봉쇄하는 것입니다.

Question 098

가상화폐 투자에 있어서
공통적인 호재와 악재는
어떤 것이 있을까요?

Answer

가상화폐 투자는 여러 가지 근거에 의해 투자를 진행하
고 있습니다.

첫 번째의 공통호재는 가상화폐를 법으로 화폐의 시위를 부여한다는 소식일 것입니다. 아직도 많은 사람들이 가상화폐가 화폐다 아니다 논란이 많이 있기 때문입니다. 물론 필자는 비트코인류의 가상화폐는 처음에는 화폐의 기능을 잘 수행할 수 있었으나 지금은 화폐의 기능을 완전히 상실한 투기 도박의 수단이라고 생각합니다.

가치의 안정성을 유지하며 거래처리 속도가 나오는 초창기에는 비트코인으로 물건을 사고 파는 상거래가 이루어지고 있었습니다. 하지만 지금은 가치가 불안정하고 거래처리 속도가 나오지 않자 대형 마켓에서 모두 지급을 거절하게 되었습니다.

둘째 호재는 비트코인의 거래처리 속도를 개선할 수 있다는 발표일 것입니다. 속도가 나오지 않자 개발자 진영과 채굴자 진영의 의견차이로 비트코인 캐시가 만들어져서 비트코인 물타기가 되었고, 한 번 더 진전하여 비트코인 골드라는 것이 분리되어 또 물타기가 되었습니다. 모두가 거래처리 속도 개선을 위한 의견 차이에서 생긴 일들입니다.

비트코인이 화폐로서 가져야 할 엄격한 희소성을 보증하

는 것이 한정된 수량인데, 이런저런 이유로 같은 코인의 숫자가 자꾸 증가하면 결국 시장의 신뢰를 상실할 것이 분명합니다.

앞으로 이런 일이 절대 없고 거래처리 속도를 개선할 수 있다는 발표가 있다면 비트코인은 가격이 훨씬 더 올라갈 소지가 높습니다. 악재는 거래소의 폐지나 ICO의 금지 같은 규제 입법의 발표일 것입니다. 중국발 쇼크로 순간적으로 20% 이상 가격이 급락했었고, 거래차익에 대한 세금의 부과 결정이 내려지면 악재가 될 것입니다. 또한 베트남과 같이 익명성 코인들의 집중 규제안이 마련되면 비트코인류의 가상화폐는 최악의 악재를 만나 시장에서 사라질 위험도 대단히 높습니다.

Question 099

어떤 가상화폐는 유독 사기라는 의견이 많은데 왜 그럴까요?

Answer

진짜 사기라서 그럴 수 있고 사기가 아닌데 사기라고 생

각할 수 있습니다. 비트코인이 처음 등장했을 때 모든 사람

들이 사기라고 생각을 했지요. 세계 석학이라는 미연방준비은행장이었던 엘런 그린스펀이 대표적인 인물입니다. 경제학 노벨상 후보까지 거론되는 그였음에도 눈앞에 처음보는 것이 나타나니 사기라고 생각했었습니다.

그건 내가 알고 있는 돈이라는 기준과 다른 기준의 돈이기 때문입니다. 지금까지 본인이 배운 지식이 자신의 기준이 되고 그 기준을 통해 화폐를 판단하기 때문에 오판을 합니다. 그 석학이 생각하는 생각은 자기 생각이 아니고, 그 앞에 있던 사람들의 생각입니다.

사기로 판명나지 않았는데도 유독 사기라고 주장하는 것은 본인의 기준과 다르기 때문입니다. 가상화폐라는 것이 나온 지 8년밖에 지나지 않았고, 비트코인류의 가상화폐를 공부한 사람들은 그것이 이미 자신의 기준이 되어 그 기준과 다른 새로운 개념의 가상화폐가 출현하면 사기라고 할 것이 분명합니다.

현재 비트코인류의 가상화폐는 이미 화폐로서 기능을 상실하고 투기 도박의 수단으로 전락했음에도 아직도 과거의 지식에 자신을 옭아매고 있는 것입니다. 코인이라고 해서 다단계로 하면 사기라는 법이라도 있나요?

만약 비트코인이나 이더리움을 가지고 다단계로 마케팅을 전개했다면 사기가 되나요? 대부분의 코인 사기가 다단계의 형태로 하니까 다단계로 하는 코인은 모두가 사기라고 생각하는 것은 지나친 비약입니다.

Question 100

앞으로 대중화에 성공할
가상화폐의 조건은 무엇인가요?

Answer

일단 코인의 방향이 두 가지로 진행할 것입니다. 하나는

국가 법정화폐가 가상화폐로 변할 것입니다. 가상화폐의

본질적 정의는 제3자 신용기관을 배제하고 P2P의 방법으로 인터넷상에서 사용하는 지불시스템입니다. 이제는 국가 법정화폐도 시중은행을 배제하고 P2P로 개인들 간에 직접 지불이 이루어질 것입니다. 물론 중앙관리형이므로 관리자로서 해야 할 일을 하는 은행은 존재할 것입니다.

그리고 하나는 국제적으로 통용되는 가상화폐가 있을 것입니다. 이것이 어떤 코인이 될 것인가가 초미의 관심거리입니다. 그것은 당연히 전 세계에 고르게 유저 수를 확보한 코인이 될 것입니다. 유저들간에 상거래가 활발하게 이루어지는 코인이 있다면 그것은 화폐로서 유용성이 있다는 말이고 사용자들이 점점 늘어갈 수밖에 없습니다. 상거래를 통한 화폐의 확산이 가장 빠르기 때문입니다.

이렇게 예측을 하면 어떤 조건을 갖추고 있는 화폐가 대중화에 성공할 수 있는지 감을 잡을 수 있습니다. 바로 기존의 지폐처럼 상거래에 활발히 사용될 수 있는 화폐이어야 합니다. 그럼 가상화폐의 형태이지만 지폐처럼 화폐의 본질적 특성을 가진 것이어야 한다는 결론에 도달하게 됩니다.

첫째, 가치의 안정성이 있는 가상화폐입니다. 가치의 안정성이란 급등락을 반복하지 않고 가치가 일정하든가 아니면 금처럼 세월의 흐름에 따라 조금씩 올라가든가 하는 것을 가치의 안정성이라고 정의할 수 있습니다.

둘째, 거래처리 속도가 빨라야 합니다. 마스터카드나 비자카드처럼 분당 약 70만 건 이상의 속도가 나와야 대중화될 것입니다.

셋째, 수량이 1,000억 개 이상 되어야 합니다. 전 세계에 대중화되려면 적어도 이 정도 수량은 넘어야 하고, 그 이상이면 채굴하는 데 많은 시간이 걸려 문제가 됩니다.

넷째, KYC를 반드시 엄격하게 시행하여야 합니다. 금융 실명제가 되지 않으면 금융규제 당국의 엄격한 통제를 받을 것이 분명합니다. 각종 범죄에 사용되는 돈으로 전락할 것이기 분명하기 때문입니다.

위의 네 가지 정도만 조건을 갖춘다면 그것은 어떤 가상화폐라도 대중화에 성공할 것입니다. 물론 화폐 유통량이 포화상태에 이르면 나중에 나오는 코인들은 받아들이지 않을 것입니다. 화폐란 상거래의 수단에 불과한 것이지 그 자체가 의미가 있지 않기 때문입니다.

가상화폐의 세계 5

가상화폐가
등장하게 된 사회적 배경

2013년 영국 타임스는 '추상적인 관점에서 비트코인은 가장 완벽한 돈'이라고 평가했고, 독일정부를 비롯하여 국가적으로 비트코인을 화폐나 금융상품으로 공식 인정하는 곳들도 속속 등장하고 있으며, 미국 연방준비은행 벤 버냉키 의장이 비트코인을 긍정적으로 인정하는 발언 등이 나오면서 그 가치가 빠르게 오르기도 하였다. 물론 이후 중국정부에서 이를 인정하지 않겠다는 발표를 하면서 가치가 급락하기도 했다.

인간이 수렵채집 생활할 때에는 화폐라는 것이 없었다. 각각의 부족들은 자신들이 필요한 대부분의 것들을 채집하고 사냥을 했으며, 만들어서 생활을 하였다. 그렇기에 무엇을 사거나 파는 행위자체가 별로 필요 없었다.

대부분의 경우 어떤 대가를 바란 것이 아니라 서로가 서로를 돕는 상부상조의 정신으로 유지되었다. 물론 이렇게 부족들의 상부상조나 물물 또는 서비스 교환을 통해 얻을 수 없는 희귀한 물품은 낯선 사람들 또는 부족들과의 만남을 통해서 얻을 수 있었는데, 이때에도 결국 상호간의 합의를 통한 교환이 쉽게 이루어졌다. 이렇게 인류는 수만 년을 별다른 불편 없이 살아왔다.

그러나 농업혁명이 시작되고 약 5천 년 전부터 조금씩 커다란 도시와 왕국이 발달하고 도로 등의 교통 인프라와 수레와 마차, 커다란 배 등이 발명되면서 서서히 상황이 바뀌기 시작하였다. 도시가 발달하면서 처음으로 신발만 만들거나, 목수로 일을 하거나 옷을 만드는 등의 전문가들이 등장하기 시작했다.

이런 전문화는 예기치 못한 문제를 불러왔는데, 도시에서는 작은 부족일 때와는 달리 신뢰라는 것을 바탕으로 아무런 조건 없이 서로를 돕는 행위가 나타나기가 쉽지 않다.

그러다 보니 자연스럽게 공정한 교환을 할 수 있는 규칙이 필요하게 되었다. 물물교환이나 서비스 교환의 방식으로는 각 개인이 처한 상황과 거래가 되는 물품의 종류 등이 워낙 다양했기 때문에 매우 복잡한 협상과정을 거쳐야 했고, 교환을 공정하게 중재하는 사람들은 복잡한 교환가치와 비율에 대해서 알아야 했다. 이런 불편이 화폐라는 것의 탄생을 촉진시켰다.

화폐는 사실 첫 번째 동전이 발명되기 훨씬 이전부터 존재해왔다. 어떤 사회에서는 조개껍질이 그 역할을 수행했으며, 소금, 가죽, 콩, 비단, 보리 등과 같이 정말 다양한 화폐가 등장하였다. 화폐로 이용되는 것들의 일반적인 특징은 뭘까? 사과나 생선 등은 화폐로서의 가치를 가지기가 어렵다. 보관하다가 쉽게 상하고, 변해버리기 때문이다. 그리고 지나치게 크고 무겁다. 화폐로 삼기 쉬운 것은 잘 변하지 않으며, 휴대가 간편하고, 크기나 무게가 균일해서 계량하기가 쉽고, 지나치게 쉽게 누구나 생산해서 공급할 수는 없어야 한다.

화폐의 역사에서 금속화폐가 대세를 오랫동안 차지한 것은 금, 은, 동, 철과 같은 금속이 위에서 언급한 내구성, 이동성, 희귀성 등이 다른 것들보다 우월했기 때문이다.

그러나 금속화폐의 경우에도 일일이 무게를 달아 교환한다는 것은 번거로웠고, 금은의 경우에는 순도가 달라지는 것을 제대로 알 수 있는 방법이 없었다. 이런 문제를 해결하기 위해서 등장한 것이 바로 주조화폐로 주형을 만들고 금속을 녹여서 부어 만들었는데, 국가에서 품질과 발행량을 조절하게 되면서 전 세계에서 금화와 은화가 쓰이기 시작했다.

특히 스페인이 신대륙을 발견하면서 남미의 대규모 은광에서 채취한 은으로 만든 은화는 전 세계의 통화량을 크게 늘렸고, 이를 이용해서 자본주의가 번성하기 시작했다는 것은 잘 알려진 사실이다.

하지만, 이렇게 만들어진 주조 금속화폐도 여러 정부에서 제조원가를 낮추기 위해 액면가보다 적은 주조화폐들이 대량으로 발행하면서 전 세계에서 이를 믿지 못하는 사태가 발생하기 시작했다.

이 문제를 해소하기 위해 나온 제도가 일정한 순도의 주조화폐를 바꿀 수 있는 태환지폐를 사용하자는 본위제도이다. 금을 본위화폐로 하면 금본위제도라고 하고, 은을 본위화폐로 하면폐면 은본위제도라고 한다. 17세기 영국에서는 세공업자들이 일정량의 금을 보관하면서 발행한 예탁증서가 유통되었는데, 이것이 화폐의 기능을 하기 시작했다.

18세기에는 민간은행 설립이 붐을 이뤄 민간은행이 발행한 예금증서인 태환지폐가 난립하자, 이로 인한 혼란을 막기 위해 1833년 영국에서는 영국은행의 은행권에 법적인 지위를 부여했다. 1844년에는 발권능력을 영국은행에만 허용하면서 영국은행이 정부의 은행, 은행의 은행, 발권은행이라는 3가지 기능을 수행하는 현대적인 모습의 중앙은행으로 탄생하였는데, 이런 방식이 전 세계로 퍼져나가면서 오늘날 대부분의 나라들의 중앙은행 제도의 근간이 되었다.

20세기 들어 두 차례에 걸친 세계대전과 자본주의 시장경제의 부침으로 더 이상 금태환을 중심으로 하는 금본위제를 지탱할 수 없었던 미국이 중심이 되어 금본위제를 폐지하고 각 국가별 관리통화 체제로 바뀌면서 각 국가가 통화량 조절을 통해 통화 신용정책을 수행하는 것이 중앙은행의 핵심기능이 된 것이 현재의 상황이다.

우리가 그렇게 철석같이 믿는 동전이나 지폐라는 화폐가 전세계의 경제규모를 얼마나 설명하고 있을까? 니알 퍼거슨에 따르면, 2006년 전 세계에 존재하는 현금의 규모는 473조 달러 정도라고 한다. 아마도 현재는 500조 달러가 넘었을 것이다. 그렇다면, 실제 전 세계에 유통되거나 보관된 동전과 지폐를 모두 모아보면 얼마나 될까?

놀랍게도 불과 50조 달러 정도에 불과하다고 한다. 450조 달러가 넘는 돈이 단지 은행의 계좌에 표시만 되는 것들이다. 컴퓨터 스크린과 컴퓨터 서버에 가상적인 형태로 존재하는 양이 90%인 셈이다. 그렇다면, 이들이 비트코인과 솔직히 뭐가 다른가?

비트코인의 미래는 결국 사람들의 믿음의 수준에 달렸다

현재도 돈의 이동이 이루어지는 것은 대부분 은행들의 비트의 이동에 의한 거래일 뿐, 물리적인 지폐나 동전의 교환이 있는 것은 아니다. 이들이 가지고 있는 컴퓨터들이 그런 거래를 승인하고, 모두가 그것을 믿는 것뿐이다.

지난 연말에 미국에서 미국정부가 파산하지 않기 위해 의회에서 부채한도를 증액을 통해 간신히 위기를 넘겼다는 뉴스가 있었다. 이것이 무엇을 의미할까? 결국 컴퓨터를 이용해서 미국의 화폐발행 수치를 높이고, 이것을 사용할 수 있게 승인한 것에 불과하다.

실제 달러는 발행되지 않았다. 이렇게 전자파일이나 데이터에 불과한 전자화폐를 이용하는데 우리는 어느 누구도 불편하다고 생각하지 않고 있으며, 그 가치에 의문을 제기하지도 않는다. 그것이 조개껍질이든, 소금이든, 단지 종이조각이든 문제가 될 것은 없다. 단지 사람들이 얼마나 상호 신뢰하고 있는지 그리고 얼마나 많은 사람들이 원하는지가 그 화폐가 이용될 수 있는지를 결정한다.

만약 모두가 원하지 않는 것이라면 그것은 화폐가 아니다. 짐바브웨의 수조 달러 지폐는 누구도 원하지 않는다. 그렇다면, 그것은 화폐로서의 가치를 잃은 것이다. 사람들은 다른 모든 사람들이 항상 그것을 원한다는 것을 알고, 그것으로 무엇이든 교환할 수 있기 때문에 그것을 원하는 것이다. 결국 비트코인의 미래는 전 세계에서 얼마나 많은 사람들이 그 가치를 믿어주고 원하느냐에 달렸다.

최근의 국내 카드사들의 개인정보 유출로 인해 국민들이 불안을 느낀다면 이는 국내 카드사들이 운용하는 가상의 신용화폐에 대한 믿음을 감소시킬 수 있다. 이런 경우 도리어 내 전 재산이 나의 잘못도 아닌데 중앙집중적으로 관리되는 상황 때문에 털릴 수 있다는 두려움을 가지기보다 완전히 분산되고 암호화된 비트코인을 더 신뢰하고 이를 보유하거나 거래하는 것이 낫겠다는 판단을 하면 그것이 이상한 것일까?

개인적으로 현재의 비트코인의 상태는 짐바브웨나 동유럽 국가의 중앙화폐의 신뢰수준은 넘어섰다고 본다. 아직 달러나 금에 대한 믿음의 수준에는 미치지 못하는 듯하다. 그렇기에 좀 더 지켜봐야 한다는 것이 정답이다.

사토시 나카모토가 비트코인 커뮤니티에 밝힌 것처럼 국가가 나의 재산을 지켜줄 수 있다는 확신이 들지 않는다고 했다. 2008년 미국의 달러 남발로 촉발된 세계적인 금융위기로 인해 그리스의 부도나 키프로스의 사태가 발행했다. 그해 말 논문이 발표되었고 2009년 1월에 채굴이 공개되었다.

가상화폐
용어 정리

가상화폐 가상화폐(假想貨幣, virtual money 또는 virtual currency)는 지폐나 동전과 같은 실물이 없이 네트워크로 연결된 공간에서 전자적 형태로 사용되는 디지털 화폐의 일종이다. 암호화폐(暗號貨幣, cryptocurrency)라고도 한다. 전자화폐의 일종이다.

가상화폐는 달러($)나 원화(₩)와 같은 실물화폐와 달리 화폐를 발행하는 중앙은행이 없이 전 세계 인터넷 네트워크에 P2P 방식으로 분산 저장되어 운영된다. 가상화폐를 발행하고 관리하는 핵심 기술은 블록체인 기술이다.

주요 가상화폐에는 비트코인, 비트코인캐시, 이더리움, 이더리움 클래식, 리플, 대시, 라이트코인, 모네로, 제트캐시, 퀀텀 등이 있다. 가상화폐를 얻기 위해서는 채굴기라는 서버 컴퓨터를 운영하여 직접 채굴을 하거나, 가상화폐 거래소를 통해 현금을 주고 구매하거나, 상품이나 서비스를 제공하고 그 대가로 가상화폐를 받아야 한다. 새로운 가상화폐를 개발하기 위한 자금을 모으기 위해 일종의 가상화폐 프리세일에 해당하는 초기코인공개(ICO)를 하기도 한다.

전자화폐　　관리가 불편한 현금 또는 예금 등의 이전 가능한 금전적 가치가 전자적 방법으로 저장된 상태로서 현금, 수표, 신용카드 등과 동일한 가치를 갖는 형태의 디지털 정보라고 보면 된다.

카드형과 SNS형 등으로 나눌 수 있고 각종 포인트, 마일리지 등도 이에 속한다고 볼 수 있다.

전자화폐는 종이화폐에 대하여 편의성, 이동성 등에서는 발전이 있으나 보안성, 안전성에서는 더 나은 기술이 요구되고 핀테크라는 기술이 이에 부응하고 있는 추세지만 종이화폐의 근본적인 문제인 중앙은행의 화폐 발행 독점 통화당국의 자의적인 통화정책, 인플레이션, 금융 빈국의 글로벌 금융 이용 등에 대하여는 여전히 자유롭지 못하다.

블록체인이란?　　공공 거래 장부라고도 불리며, 가상화폐로 거래할 때 발생할 수 있는 해킹을 막는 기술이다. 기존 금융회사의 경우 중앙집권형 서버에 거래 기록을 보관하는 반면, 블록체인은 거래에 참여한 모든 사용자에게 거래 내역을 보내주며 거래 때마다 이를 대조해 데이터 위조를 막는 방식. 비트코인의 경우 10분에 한 번씩 거래 기록을 검증하여 해킹을 막는다.

· 분산된 공개 장부

· 공공 거래 장부

· 온라인 금융 거래에서 해킹을 막는 기술

· 개인 간의 네트워크를 통해 이중 지불을 막는 기술

· 개인 대 개인(P2P)을 기반으로 분산 시스템을 구현하여 데이터를 분산하고 공개키 암호 방식으로 거래를 수행한다.

블록체인은 관리자와 관리 시스템이 따로 필요 없고 은행을 거치지 않고 전 세계 누구와도 개인 간 송금, 결제가 가능하게 하며 따로 보관소 없이 정보를 보관할 수 있으므로 해킹에 대하여 안전하다고 한다.

사토시 나카모토   최초의 가상화폐인 비트코인의 개발자로 알려진 인물이다. 2009년에 세계 최초의 암호화폐인 비트코인을 개발했다. 사토시 나카모토라는 이름은 가명이며, 실제 인물이 누구인지 밝혀지지 않았다.

2016년 오스트레일리아의 컴퓨터 프로그래머 겸 기업가

인 크레이그 스티븐 라이트(Craig Steven Wright)가 본인이 비트코인을 개발한 사토시 나카모토라고 주장했으나, 아직까지도 논란이 있다.

사토시　비트코인은 소수점 8자리까지 사용되는데 그 최소 단위인 0.00000001BTC을 사토시라고 한다. 비트코인의 최소 화폐단위인 사토시는 최초 개발자인 사토시 나카모토를 기리기 위해 붙인 명칭이다.

마이닝풀　대형 슈퍼 컴퓨터를 갖추어 놓고 일반인들에게 채굴 비용을 투자받아서 코인을 채굴해주는 회사를 말한다. 공동 채굴장이라고 볼 수 있다. 채굴을 위한 경비 부담을 나누고 각자가 기여한 만큼 코인을 나누는 형태의 채굴장이다.

토큰　처음 발행되는 코인 전 단계로 이동이 불가하다. 토큰에서 메인넷을 하게 되면 코인으로 전환 이동이 가능하다.

메인넷   쉽게 설명하면 서로 주고받을 수 있는 상태로
만드는 것을 의미한다. 즉, 처음 블록이 생성된다고 해서
바로 P2P로 혹은 거래소에서 주고받을 수 있는 상태가 되
는 것이 아니라 블록자체로 생성이 멈춘다거나 불안정해져
가상화폐로 쓰일 수 없는 경우도 발생한다. 그래서 메인넷
에 런칭이 되어야 비로소 진정한 가상화폐라고 할 수 있다.

하드포크   기존 블록체인과 호환되지 않는 새로운 블록
체인에서 다른 종류의 가상화폐를 만드는 것, 비트코인과
이더리움이 하드포크 과정에서 생성된 것이 비트코인캐시
와 이더리움 클래식이다.

비트   비트코인의 하부단위를 지정하기위해 사용된 공
통 단위이다. 1,000,000 비트는 1 비트코인(BTC 또는 B)과
동일하다. 이 단위는 일반적으로 팁, 상품, 서비스의 가격
을 지정하는 데 더 편리하다.

비트코인   2009년 사토시 나카모토라는 가명으로 공개

된 블록체인에 의해 최초로 세상에 공개된 가상화폐이며 1998년 웨이따위라는 사람의 암호통화(cryptocurrency)란 구상을 최초로 구현한 것 중의 하나이다.

우리나라는 아직 통화로 인정받고 있지 않지만 영국은 소득세를 부과하는 외환으로 분류하고 있고 독일은 세금 납부, 투자 등이 가능한 화폐로 인정했으며 많은 선진국들이 화폐로 인정하려는 추세다.

Bitcoin – 비트코인의 개념 또는 비트코인 네트워크 자체를 부를 때 사용하는 단어이다. 예를 들어, "오늘은 비트코인 프로토콜에 대해서 배웠다."

bitcoin – 비트코인 액수의 단위를 의미한다. 예를 들어, "오늘 10 비트코인을 사용했어." 약칭으로는 BTC나 XBT가 있다.

BTC – BTC(비트)는 하나의 비트코인 (B)을 지정하기위해 사용되는 공통단위이다.

ICO   ICO(Initial Coin Offering)는 '가상화폐공개'를 뜻하는 말이다. 기업 설립 후 가상화폐를 활용해 기업에 필요한 자금을 조달하는 형태다. 이익을 분배하겠다는 약속을 하고 자금을 모으는 크라우드 펀딩 방식, 주식 시장에서 말하는 IPO(Initial Public Offering)와 같은 개념으로 보면 된다. 비트코인 등이 주목받으면서 새로운 자금 조달 방식으로 주목받고 있는 개념이다.

랜딩코인(LENDING COIN)   회사가 투자자들의 자금을 빌리고 정기적으로 이자를 주는 형태로 운영되는 코인이다. 대표적인 코인으로 비트커넥트, 퍼스트코인, 리갈코인, 헥스트라 등등 비트커넥트 성공 이후 시장에 쏟아져 나오고 있다.

※ 랜딩코인 투자도 리스크가 크다. 원금 회수를 일정기간 못하게 하거나 아예 처음부터 원금회수가 안 되는 경우가 있고, 코인 자체의 가치 및 성장이 멎게 되면 폰지(PONZI)로 전락할 수 있다.

다단계코인   코인으로 다단계를 한다고 보면 된다. 다단계(네트워크) 형식으로 마케팅을 해 유저를 모으고 코인의 가치를 키운다. 랜딩코인과 비슷하다고 본다.

※ 최근 가상화폐시장의 확대로 말도 안 되는 코인들이 쏟아져 나오고 있는데 대부분 다단계코인으로 가치, 성장이 목적이 아니라 오직 사람을 끌어 모아 돈을 벌겠다는 생각으로 만들어진 코인이 대부분이다. 초기 투자자들은 어느 정도 수익을 낼 수 있겠지만 종국에는 많은 피해자들을 만들 가능성이 크다.

스캠(SCAM)　사기를 뜻한다. 많은 SCAM 사이트/회사들로 인한 피해자가 급증하고 있어 주의를 요망한다.

폰지(PONZI)　신규 투자자의 돈으로 기존 투자자에게 이자나 배당금을 지급하는 방식의 다단계 금융사기이다.

세그윗　비트코인의 거래 처리 용량 해결을 위한 일종의 '업그레이드'이다. 비트코인은 10분당 1MB 용량의 블록을 생성하고 거래하기 때문에 1초에 7개의 거래만 가능하다. 비트코인 거래량 급증에 따라 참여자들의 거래를 빠른 시간 내에 수용하기가 어려워졌다. 거래량이 많아지면 좀 더 가격이 올라갈 수도 있다. 그래서 비트코인 관계자들은 비트코인 시스템의 업그레이드 필요성을 공감하였기에 세 그윗을 진행한 적이 있다. 그 과정에서 탄생한 코인이 비트코인 캐시이다.

알트코인 알트코인이란 최초의 암호화폐인 비트코인을 제외한 모든 가상화폐를 일컫는 용어로 이더리움, 리플, 라이트코인 등이 있다.

소프트포크 일종의 소프트웨어 업그레이드 방법으로, 하드포크와는 달리 구 버전 소프트웨어와 호환성을 유지한 업그레이드 방법이다.

개인 키 개인 키는 암호 작성화된 서명을 통해 당신이 특정한 디지털화폐 지갑의 코인을 소비할 권리가 있음을 증명하는 비밀정보조각이다. 소프트웨어 지갑을 사용한다면,

개인 키는 당신의 컴퓨터에 저장되어 있을 것이다. 웹 지갑을 사용한다면, 원격 서버에 저장되어 있을 것이다. 개인 키는 당신이 당신의 코인 지갑의 코인들을 사용할 수 있도록 허가해 주는 정보이기 때문에 절대 알려져서는 안 되는 정보이다.

블록　블록이란 수많은 대기 거래를 보관하고 승인하는 블록체인 내의 기록이다. 브랜드별로 1분~10분마다 거래를 포함하는 새 블록이 채굴을 통해 블록체인에 더해진다. 블록헤더를 요약해서 작업증명(proof of work)을 만들고 이를 통해 거래가 유효화된다. 유효화된 블록들은 네트워크의 동의를 얻은 후 주 블록체인에 추가된다.

제네시스 블록　블록체인을 이용한 비트코인에서 '처음으로 만든 블록'을 뜻한다. 비트코인의 창시자 사토시 나카모토에 의해 탄생한 블록이며, 블록과 블록을 연결시키는 블록체인의 근원이 되는 블록을 말한다.

코인이름　브랜드별로 붙여진 이름이다. 비트코인, 원코인, 이더리움, 라이트코인, 리플코인 등이 있다.

서명　암호 작성화된 서명은 누군가가 소유권을 증명할 수 있도록 하는 메커니즘이다. 코인의 경우, 코인 지갑과 그 개인 키는 어떤 수학적인 마법으로 연결되어 있다. 당신의 코인 소프트웨어가 거래를 적절한 개인 키로 서명하면, 전체 네트워크가 사용된 코인과 그 서명이 매지한다는 섯을 볼 수 있다. 하지만, 전 세계의 그 누구도 당신이 힘들게 번 코인을 훔치기 위해 당신의 개인 키를 유추할 방도는 없다.

승인　승인은 코인 거래가 네트워크에 의해 처리되었고 그 거래의 철회 가능성이 매우 낮아졌다는 뜻이다. 코인 거래들은 하나의 블록에 포함될 때마다 하나의 승인을 받게 되어 있다. 소액 거래에 있어서는 하나의 승인 정도가 거래가 안전하게 이루어졌다는 뜻이 될 수 있다.

암호 작성술　암호 작성술은 고급 수준의 보안을 제공하는 수학적 증명을 생성할 수 있도록 해 주는 수학의 한 부류이다. 온라인 상거래와 은행 업무에서는 암호 작성술이 이미 사용되어지고 있다. 코인의 경우, 다른 사용자의 지갑에 있는 돈을 사용하거나 블록체인에 오류를 일으키지 못하도록 하기 위해서 암호 작성술이 사용된다. 암호 없이는 사용할 수 없도록 지갑을 인크립트할 때도 사용될 수 있다.

이중 지불　만일 악의를 가진 유저가 다른 두 사람에게 코인을 지불하고 이들에게 같은 코인을 한 번에 사용하려고 한다면, 이는 이중 지불이라고 볼 수 있다. 코인 채굴과 블록체인은 네트워크가 어떠한 코인 거래들이 유효한 거래인지 아닌지에 대해서 확인하고 합의를 하기 위해 존재하는 것이다.

주소　코인 주소는 집 주소나 이메일 주소와 유사하다. 누군가가 당신에게 코인을 지불하는 데 필요한 유일한 정보이다. 한 가지 중요한 차이점은, 각각의 거래마다 새로운 코인 주소가 발행되거나 고유계정 이름이 사용되어야 한다는 것이다. 비트코인의 주소 형태는 아라비아 숫자와 영문 숫자 혼합 표기한다. 비트코인 주소로 비트코인 거래가 성립된다.

지갑　코인 지갑은 쉽게 말해 코인 네트워크 안에서 사용되는 지갑과 같은 것이다. 사실 이 지갑은 블록체인 안에서 당신이 코인을 소비할 수 있도록 허락해 주는 개인 키를 저장하고 있는 것이다. 각각의 코인 지갑은 통제하는 모든 코인의 잔액을 당신에게 보여주며, 당신이 특정한 사람에게 특정액의 코인을 지불할 수 있도록 해 준다. 신용카드와 같이 상인이 당신에게 요금을 무는 형태와는 다른 것이다.

채굴　코인 채굴은 컴퓨터 하드웨어가 코인 네트워크의 거래 승인 및 보안 강화를 위한 수학적 계산을 하도록 하는 처리과정이다. 코인 광부들이나 광산주들은 제공하는 서비스의 대가로 그들이 승인하는 수수료나 코인을 받는다. 코인 채굴 시장은 얼마만큼의 계산을 했느냐에 따라 보상이

배분되거나, 채굴비용을 얼마만큼 지불했는지에 따라 코인을 지불하는 전문적이고 경쟁적인 시장이다. 모든 코인 사용자가 채굴을 하는 것은 아니며, 채굴은 쉽게 돈을 벌 수 있는 방법이 아니다.

채굴기　가상화폐 채굴을 위하여 수학적 연산문제(해시 알고리즘)을 풀 수 있는 컴퓨터. 난이도가 올라갈수록 더 많은 컴퓨터가 필요하다. 초기에는 홈PC, USB 등으로도 가능하지만 난이도가 높아지면 슈퍼컴퓨터 수준 이상이 필요하다.

채굴자(miner)　가상화폐의 채굴에 참여하는 사람을 뜻한다.

채굴소　블록체인 시스템으로 만들어진 코인을 채굴할 수 있는 가상공간을 말한다.

전자지갑　채굴한 코인을 암호 형태로 보관하는 가상공간. 암호가 걸린 파일형, 어플리케이션형 등이 있다.

해시 속도　해시 속도는 코인 네트워크의 처리능력을 측정하는 단위이다. 코인 네트워크는 보안상의 이유로 고강도의 수학 연산을 처리해야 한다. 네트워크가 10Th/s의 해시 속도에 달했다는 말은 1초에 10조 개의 계산을 할 수 있음을 의미한다.

P2P　P2P(Peer to peer)는 개개인이 서로 다른 이들과 상호 작용하도록 함으로써 조직화된 집단과 같이 작동하는 시스템을 가리킨다. 사용자가 다른 사용자들의 거래를 송신하도록 네트워크가 설계되어 있다. 그리고 무엇보다 어떤 은행도 제3자로서 필요하지 않다.

채굴 난이도　코인 채굴의 어려운 정도를 말한다. 채굴 시 수학적 연산 문제를 풀 때마다 점점 더 어려운 문제를 풀어야 하는 데서 어려워지는 정도를 수치로 나타내는 것이다.

승인(confirmation)　　거래가 블록 내외 들어가면 한 건의 승인이 발생한다. 동일한 블록체인상에서 또 다른 블록이 채굴되자마자 해당 거래는 두 건의 승인을 보유하게 되며 이 과정이 반복된다. 최소 여섯 건의 승인이 있어야 거래가 철회될 수 없다고 판단한다.

이더리움　　이더리움은 블록체인 기술을 기반으로 스마트 계약 기능을 구현하기 위한 분산 컴퓨팅 플랫폼이다. 이더리움이 제공하는 이더(Ether)는 비트코인과 마찬가지로 사이버 공간에서 암호화된 가상화폐의 일종으로 거래되고 있다. 이더리움의 화폐 단위는 ETH로 표시한다. 가장 대표적인 알트코인이다.

코인 거래소　　코인을 팔려는 사람과 사려는 사람이 한데 모이는 디지털 상의 공간을 의미한다. '코인'을 상품으로 생각해 보면 개념이 생각보다 쉽다. '비트코인'이 상품이라면, 거래소는 '시장'이다. 누군가가 비트코인이라는 상품을 시장에 내 놓으면, 시장에서 누군가가 '화폐'를 적정 값을 지불하고 상품을 구매합니다. 그 상품의 가치는 희소성에 따라서 결정이 되는데, 판매하려는 사람이 제시하는 금액과, 사려는 사람이 제시하는 금액이 일치하게 된다면 거래가 성사되는 것이다. 즉, 거래소는 비트코인을 판매하려는 사람이 제시하는 금액과, 구매하려는 사람이 제시하는 금액을 남길 수 있는 공간이다. 그리고 금액이 맞았을 때 서로의 화폐를 교환해 주는 역할을 해 주는 중개상 같은 곳이다. 국내에는 유명 거래소로는 가상 많은 사람들이 사용하는 거래소가 바로 '빗썸'이 있다. 그리고 '코인원', '코빗' 등이 있으며 최근에는 새로운 거래소들도 속속 생겨나는 추세이다. 각 코인 거래소마다 취급하는 코인의 종류는 다를 수도 있다.

IOU IOU는 'I Owe You'의 약자로, 아직 시장에 내놓아지지 않은 일정량의 코인을 미리 사고 파는 것을 말한다. 코인 발행 측과 거래소 측 사이의 합의를 통해 일정량만이 유통되며, 시장 정규 편입시 1:1 비율로 전환할 수 있다. 한마디로 장외 주식시장과 비슷한 개념이라고 보면 된다.

물론 발행 측과 거래소 사이의 '합의' 하에 IOU 거래가 열리므로, 모든 코인이 IOU 거래가 가능한 것은 아니다.

마운트 곡스   마운트 곡스(Mt. Gox)는 2010년 7월에 설립된 세계 최대 규모의 암호화폐 거래소였다. 원래는 TCG 게임인 매직 더 개더링 온라인 카드 거래소에서 출발하였으나 비트코인 거래를 시작하면서 본격적인 암호화폐 거래소로 발전하였다. 본사는 일본 도쿄 시부야에 있었다. 그러나 거액의 해킹 사건으로 회사는 파산하였으며, 이 거래소에 계좌가 있었던 고객들은 거액의 자금을 손해 보았다. 이렇게 손해 보는 일을 예방하기 위해 거래소에는 소액의 암호화폐만 넣어두고, 대다수의 암호화폐는 Electrum 등으로 자신의 컴퓨터로 옮겨놓고, 송금에 필요한 개인 키(private key)를 USB 메모리 등에 보관해야 한다.

POW   새로운 가상 화폐가 생성되는 과정에서, 채굴자들에게 '일을 했다는 것을 증명(proof of work)'하는 것을 강제하여 화폐의 가치와 보안을 보장하는 방식이다. 분산 네트워크에서는 조폐 과정에서 누가 얼마의 새 화폐를 받을지 결정할 중앙 권력이 없기 때문에 모든 참여자들이 자동적으로 동의할 수 있는 방법이 필요하다. 이때 일방향함수인 해시 함수가 계산(검산)하기는 쉽지만 역을 구하는 것(채굴)은 어렵다는 것에 착안하여, 모든 참여자가 해시 함수를 계산해서 가장 먼저 계산한 사람이 새 화폐를 받아가게 하는 것이다. 최초이자(2017년 기준) 최대의 성공을 거둔 암호화폐 비트코인을 필두로 대다수의 암호화폐가 채택하고 있다.

POS   POS는(proof-of-stake, 지분 증명) POW의 가장 큰 문제인 '채굴에 들어가는 많은 비용 및 유지비(전력사용, 장비 구입비) 절약', '해시의 독점으로 인한 보안상의 문제'를 해결하고자 만들어진 방식이다.

각 코인마다 얻은 방식, 양은 다르지만 기본적으로 POS는 가지고 있는 코인양이 많을수록 더 많은 코인을 지속적으로 얻게 된다(이자와 같은 개념). POS라는 이름과 같이 전체 코인에 대한 많은 지분(Stake)를 보유한 사람이 추가적으로 발행되는 코인에서 많은 분량을 가져가게 된다. 그동

안은 주목을 받지 못하다 POW류 코인의 해시 상승으로 인한 보안 문제 및 유지비 문제가 점점 이슈가 되면서 다시금 재조명이 되고 있다.

POI POI(Proof of Importance)는 가상화폐에서 사용하는 새로운 해시 알고리즘이다. POW와 POS는 POI와 근본적으로 다르다. 알고리즘은 블록이 생성될 때 트랜잭션의 시간을 기록하여 처리한다. POI는 사용자가 네트워크 참여를 하게 만든다.

따라서 지갑에서 주고받는 트랜잭션만이 아니라 코인 이자도 보상을 받는다. 코인을 많이 가진 사람들을 보상해줄 뿐만 아니라 누구랑 거래하는지, 몇 명이랑 거래하는지가 보상에 영향을 준다. 열심히 활동할수록 시스템 내에서 중요한 사람일수록 보상을 많이 해 주는 것이다. 이것의 장점은 훨씬 더 많은 부의 분배를 의미한다는 것이다. 시스템에 기여하는 사람은 코인들을 추가로 얻을 수 있고 모든 사람에게 비슷한 기회를 제공한다.

돈이란 훌륭한 하인이기도 하지만 나쁜 주인이기도 하다

– 벤자민 프랭클린